오늘, 행복에
한 걸음 더
다가갑니다

꿈
꾸
는

사
람
들
을

위
한

행
복
인
문
학

오늘, 행복에
한 걸음 더
다가갑니다

신동기·신태영 지음

행복함에는 두 갈래의 길이 있다.
욕망을 적게 하거나 재산을 많게 하거나 하면 된다.

- 벤저민 프랭클린

나의 소중한 _____님께

행복을 선물합니다.

_____년 _____월 _____일

_____드림

_____ 님의 행복 로드맵 점검 일지

* 나의 행복가치: _____ 행복론

* 나의 직업/취미: _____

* 행복 로드맵 최초 작성일: _____ 년 ____ 월 ____ 일

* 행복 계획 점검

① 1차: _____ 년 ____ 월 ____ 일

② 2차: _____ 년 ____ 월 ____ 일

③ 3차: _____ 년 ____ 월 ____ 일

④ 4차: _____ 년 ____ 월 ____ 일

⑤ 5차: _____ 년 ____ 월 ____ 일

* 나의 확정 행복가치: _____ 행복론

* 나의 확정 직업/취미: _____

* 행복 로드맵 최종 확정일: _____ 년 ____ 월 ____ 일

_____ 님의 행복 로드맵

* 작성일:

* 나　이:

로드맵 선택	나의 행복 계획	로드맵 실행
1. 목적인-행복가치 선택*[1]	_____행복론	4. 목적인-행복가치 실행
⬇		⬆
2. 형상인-직업/취미 선택*[2]		3. 형상인-직업/취미 실행
⬇		⬆
3. 동력인-학습&노력 선택*[3]		2. 동력인-학습&노력 실행
⬇		⬆
4. 질료인-로드맵 작성	____년 __월 __일 작성	1. 질료인-로드맵 작성

*1. 6가지 행복론 중 하나(또는 자신이 생각하는 다른 행복가치)

*2. 직업(실버세대는 취미)은 구체적으로 정할 것

*3. 학습&노력은 시간 계획과 함께 구체적으로 정할 것

'자기 주도적 행복 로드맵' 만들기에 나선 것을 축하하며

우리는 늘 행복을 말한다. 그러나 행복이, 그 누구 아닌 나의 행복이 무엇인지에 대해서는 깊이 생각해보지 않는다. 때로는 나를 속이고 자위해보기도 한다. "그래 맞아. 이게 행복이야. 나는 누구보다도 행복해." 그러나 마음속의 나까지 거기에 동의하고 있지는 않다. 애쓰는 자신을 물끄러미 바라보고 있는 또 다른 내가 있다. 그것은 행복결심이지 행복 자체는 아니기 때문에.

'내가 하면 로맨스 남이 하면 불륜'의 법칙은 행복에서도 작용한다. 사람들은 타인의 '성공 행복론'을 '속물 행복론'으로 읽기도 한다. 그것은 자신이 바로 그 성공을 간절히 바라고 있지만 도저히 그것을 이룰 수 없다는 절망의 자기 고백일 수 있다. 신포도 논리다. 또 어떤 사람들은 타인의 '무소유 행복론'을 '무서워 행복론'으로 읽기도 한다. 도전이 두려워 그냥 자기 상황을 합리화하는 태도일 뿐이라는 타인에 대한 일방적 규정이다. 자신의 철학의 빈곤에 대한 의도치 않은 자기 고백일 수 있다. 1차원적이다.

그런가 하면 레밍의 법칙도 작용한다. 어느 유명인의 주장에 또는 어느 베스트셀러의 글귀 하나에 사람들의 귀와 눈이 이리 쏠리고 저리 쏠린다. 그때마다 사람들의 행복론은 요동을 친다. 정초에는 성공해야겠다고 부산을 피우다가, 해밑에는 이제 무소유로 마음을 비워야 한다며 침잠할 곳을 찾아 나선다. 모두 스스로 고민해서 스스로 설계한 자신만의 행복 로드맵Road map for Happiness이 없기 때문이다.

이 책은 '자기 주도적 행복설계' 안내서다. 지금까지의 행복론들은 주로 '행복의 의미'를 다루었다. 그러면서 저자 자신의 행복론을 독자들에게 일방적으로 강조하고, 심지어 '스스로 행복하다고 항상 긍정적으로 생각하라'고 자기 최면을 권하기까지 했다. 최면은 최면이다. 한 순간의 자기 기만일 뿐이다. 행복에 대한 인식만큼 천차만별인 것이 없다. 가장 효과적인 공부방법은 자기 주도 학습이다. 행복 역시 자기 주도적 설계가 중요하다. 주도적으로 행복을 설계하고 또 행복전략을 짜는 과정에서 사람들은 자신의 삶도 돌아보고 생각도 정리한다. 그리고 자신만의 행복을 위한 모범답안을 스스로 만들어낸다.

이 책은 1·2편으로 나뉜다. 1편에서는 주요 행복론 6가지를 설명한다. ① 성공 행복론, ② 무소유 행복론, ③ 도덕 행복론, ④ 이성 행복론, ⑤ 종교 행복론 그리고 ⑥ 감성 행복론이다. 2편에서는 '행복 로드맵'을 만드는 방법을 설명한다. 6가지 행복론을 참조하여 자신의 '행복가치Happiness Value'를 정하고, 이 행복가치를 실현할 수 있는 수단인 '직업/취미'를 선택하고, 그 직업/취미를 갖기 위해 해야 할 '학습&노력'을 정하고 그리고 마지막으로 지속가능한 행복에 필수인 '기본 소양'을 정리한다. 실천은 이 4단계의 역순이다. '기본 소양'를 갖추고 '학습&노력'을 하면 계획한 '직업/취미'를 갖게 되고, '직업/취미'에 매진하다 보면 자신의 '행복가치'가 실현되고, '행복가치'가 실현되면 우리는 행복한 상태가 된다.

삶이 녹록치 않다. 삼포세대, 칠포세대가 유행하고 헬조선, 열정페이가 일상어가 되는 음울한 때다. 잿빛 시대에 행복론을 들고 나오는 것이 생뚱맞다. 그러나 애완동물은 현재만 살지만 사람은 미래도 산다. 지금이 절망이라고 내일의 희망까지 접을 수는 없다. 아니 지금이 절망이기에 오히려 미래의 촛불을 켜야 한다. 내일의 행복 계획을 세워야 한다.

　이 책은 매우 효과적인 자기 주도적 행복설계 안내서다. 행복은 인생의 이른 시기에 설계할 수 있으면 당연히 좋다. 초·중·고생은 부모님이 먼저 읽은 다음 자녀의 '행복 로드맵' 작성을 도와주면 좋다. 물론 선생님이 그 역할을 할 수 있으면 더욱 좋다. 살아온 날보다 앞으로 살아갈 날이 만 배는 더 중요하다. 오늘이 앞으로 살아갈 날의 그 첫날이다. 이 첫날, 기성세대 및 실버세대도 이 책의 안내에 따라 자신의 행복 계획을 세우면 좋다. 기업이나 사람 모두 계획은 없는 것보다 있는 것이 더 좋다 했다. 행복 계획은 당연히 누구에게나 필요하다. 진심으로 독자님의 행복을 빌며.

저자 신동기&신태영

차 례

서문 · 008

Part 1

행복의 여섯 가지 얼굴

나의 행복과 당신의 행복은 어쩌면 완전히 다른 곳에 있을지도 모른다

❶ Why 행복론? · 018

　다시 태어나 다음 생에서 직업을 선택한다면? · 018

　저마다 '행복방식'은 모두 다르다 · 027

❷ 돈, 명예, 자유를 추구하고
　실현하며 진정한 행복을 맛보다 · 036

　지극히 '인간적'이고 당연한 목표 · 036

　원하는 것을 충분히 가졌는데 뭔가 부족하다면? · 044

❸ 가진 것 거의 없이도 이토록 행복할 수 있다니! · 059

　내려놓을수록 행복해지는 비움의 철학 · 059

　나는 만족스럽고 행복한데, 내 주변이 괴로워진다면? · 065

❹ 항상 당당하고 떳떳한 나 자신이 참말로 좋다! · 074

스스로 부끄럽지 않은 삶 · 074

옳은 일과 나의 이기심 사이에서 자꾸 서성인다면? · 082

**❺ 평생토록 책 읽고 글 쓰며
공부만 할 수 있다면 얼마나 좋을까!** · 092

이성이 빛날 때가 가장 인간다운 순간 · 092

행복은 성적순이 아니잖아요! · 102

❻ 종교의 품 안에서 최고의 행복을 얻다 · 109

가장 스케일 크고 고차원적인 행복론 · 109

숭고한 삶을 살고 싶지만 본능적 이기심과 욕망이 자꾸 나를 침범한다면? · 114

❼ 예술 속에서 무아지경의 행복을 느끼다 · 126

나의 감각을 사로잡는 황홀경, 그곳에 행복이 있다 · 126

꿈을 좇고 있지만, 밥벌이가 영 시원치 않다면? · 132

Part 2

행복을 계획하고 실행하는
자기 관찰의 시간

행복은 그냥 오지 않는다

❶ 나만의 맞춤형 행복 플랜을 찾아서 · 146

　Why 행복 로드맵? · 146

　어떻게 행복 로드맵을 만들 것인가? · 153

❷ 무엇이 나를 가장 행복하게 할 것인가 · 167

　고등학교 수학 선생님의 한탄 · 167

　나의 행복가치 선택하기 · 172

❸ 행복해지기 위해
　어떤 직업이나 취미를 선택할 것인가 · 196

　행복 실현을 위한 현실적 수단 · 196

　행복가치에 따른 직업이나 취미 선택하기 · 199

❹ 무엇을 어떻게 실행할 것인가 · 219
　　가장 실질적이고 결정적인 단계 · 219
　　실천을 위한 구체적인 생각 · 226

❺ 자기 철학이 필요한 시간 · 245

❻ 지금, 털끝만큼의 차이를 만든다 · 251

맺음말 · 259
후주 · 262
참고자료 · 268

나의 행복과

당신의 행복은

어쩌면 완전히 다른 곳에

있을지도 모른다

Part I

행 복   의
여 섯   가 지
얼   굴

Why 행복론?

나에게 맞는 행복의 길은 따로 있다

⸱ 다시 태어나 다음 생에서 직업을 선택한다면?

20대 때, 한치 앞을 분간할 수 없을 정도로 눈이 퍼붓던 어느 겨울날 친구들과 함께 영암 월출산 등반에 나섰다. 월남리로 해서 정상인 천황봉을 오르는 코스였다. 등산 안내 표지도 착실하게 되어 있지 않던 때였고, 전날부터 미친 듯이 쉬지 않고 내리 퍼붓는 눈으로 땅이고 하늘이고 온통 백색 겨울왕국, 아니 정확히 말하면 그야말로 혹한의 백색 겨울왕국이었다. 게다가 등산 장비도 변변치 않던 때라, 낡은 운동화가 슬리퍼처럼 미끈거려 발가락 끝에 힘을 세게 주지 않으면 가파른 경사를 오를 수 없었고, 뻣뻣한 청바지와 낡은 군용 점퍼는 비수같이 날카로운 찬 기운을 날것 그대로 통과시키고 있었다.

앞서가는 친구의 꽁무니를 놓칠세라 발자국만 보고 눈보라 속을 얼마나 걸었을까. 갑자기 코앞에 정상이 나타났다. 2시간 여를 쉬지 않고 식식거리며 산을 걸었던 터라 정상에 도착하고 나니 몸이 후끈했다. 한 명의 낙오도 없이 모두 정상을 밟았으니 축하 건배가 빠질 수 없었다. 배낭 속에서 묵직한 병맥주를 꺼내 병째 입에 대고 마시면서 왁자지껄 서로를 치하했다.

때마침 하늘도 우리의 고행(?)과 성취(?)를 격려하고 축하하려는 것이었을까. 그렇게 세차게 휘몰아치던 눈보라가 갑자기 잦아들기 시작했다. 그러고는 눈발이 드문드문 날리는가 싶더니 이내 금방이라도 깨질 것 같은 파란 하늘이 쨍 하고 눈앞에 나타났다. 그런데 이게 무슨 조화인가. 파란 하늘만 있는 것이 아니라 바로 눈앞에 생각지도 못했던 비경이 함께 나타났다. 정자를 품고 있는 늠름한 자태의 봉우리 하나가 저쪽 건너편에 우뚝 서 있었다. 우리가 있는 곳보다 더 높은 봉우리였다.

'엥, 이게 무슨 신기루?' 하고 말하려는 순간, 일행 중 한 명이 "아이고!" 하는 낙담과 함께 "여기가 천황봉이 아니고 저쪽이 천황봉이야"라고 소리쳤다. 그 말을 듣는 순간 머릿속이 하얘지고 오랫동안 긴장했던 다리 근육이 일순 풀리고 말았다. 오르는 도중 갈림길에서 오른쪽으로 가야 할 것을 그만 왼쪽으로 올라오고 만 것이었다. 우리가 서 있는 곳은 천황봉이 아닌 향로봉이었다.

히말라야 트래킹의 서쪽 관문인 네팔의 포카라를 찾았다. 도착한 다음 날 새벽같이 일어났다. 어둠이 가시려면 아직 한참 있어야 할 새벽에 버스에 몸을 싣고 한 시간 이상 이동했다. 20분 정도 시내를 달렸을까, 버스가 산동네 비탈길을 오르기 시작했다. 해발 900미터의 포카라 시내에서 해발 1,600미터의 산을 오르려니 급경사일 수밖에 없었다. 그런데 문제는 급경사뿐만이 아니었다. 산동네가 빼곡히 형성되어 있는 비탈길이 거의 왕복 1차선이었다. 마주 오는 차를 만나게 되면 이쪽이 길 한쪽 가장자리로 비켜나 있다 다시 이동하는 식이었다. 운전하는 기사야 365일 운행하는 코스이니 무념무상일지 모르겠지만, 손님들은 그야말로 스릴과 서스펜스 그 자체였다. 다리와 어깨가 뻣뻣해지고 손바닥에 땀이 괴었다. 공포의 곡예운전은 30분 정도 지나 버스 너덧 대 겨우 댈 수 있는 정상 주차장에 이르러서야 끝났다.

후들거리는 다리로 버스에서 내려 다시 어둠 속을 10분 정도 걸어 올랐다. 그리고 마침내 해발 1,600미터의 정상이자 네팔에서 히말라야 산을 가장 잘 감상할 수 있는 명소, 사랑곳에 도착했다. 뜨거운 차 한 잔을 두 손으로 감싸 쥐고 10여 분 지났을까.

잿빛의 새벽 기운을 뚫고 하늘로부터 붉은 후광을 거느린 뾰족한 실루엣 하나가 불쑥 눈앞에 나타났다. 마치 신이 빛을 거느리고 하늘에서 지상으로 강림하는 듯한 모습이었다. 실루엣은 서서히 주위로 빛을 확산시키면서 자신의 날렵한 자태를 선명하게 드러내기 시작했다. 히말라야에서 가장 멋진 모습을 한 '물고기 꼬리Fish Tail'라는 의미의 마차푸차레(6,997미터) 산이었다.

이어서 빛을 등에 업고 호위무사나 된 듯 마차푸차레 양편으로 몇 개의 산들이 등장했다. 왼쪽으로 안나푸르나 제1봉(8,091미터)과 남쪽 안나푸르나(7,219미터), 오른쪽으로 안나푸르나 제3봉(7,555미터), 안나푸르나 제4봉(7,525미터) 그리고 안나푸르나 제2봉(7,939미터)이 위용을 드러냈다. 높이로는 마차푸차레가 가장 낮으나 사랑곳으로부터 가까운 탓에 오히려 가장 높아 보이고, 주위의 더 높은 다른 산들은 마차푸차레를 양쪽에서 시중들고 있는 듯한 모습이었다. 새벽부터 서두른 데다 곡예 버스의 공포와 긴장 속에서 해발 1,600미터의 사랑곳에 오르느라 힘들었지만 이번 여행의 목적 중 하나가 히말라야의 일출 감상이었던 만큼 그 감동은 히말라야의 장대함만큼이나 컸다.

삶을 사는 것은 산을 오르는 것과 닮았다. 힘들게 산에 올라 '즐거움'을 찾는 것처럼, 삶의 여정에서 사람들 각자 궁극적으로 기대하는 것이 '행복'이다. 산을 오르는 '즐거움'은 정상을 밟는 성취감에서 비롯될 수도 있고, 끊임없이 이어지는 산의 바다 또는 델 듯이 붉게 타오르는 일출을 감상하는 것에서 비롯될 수도 있다. 정상을 밟는 성취감을 기대하며 무거운 배낭을 짊어지고 힘들게 산에 올랐는데 그 산봉우리가 당초 목표했던 정상이 아니라면 같은 등산이라 할지라도 그다지 즐겁지 않을 것이다. 일출의 장관을 기대하고 먼 곳까지 찾아갔는데 날씨가 흐려 일출을 감상할 수 없었다면 이 경우 역시 마찬가지로 즐겁지 않을 것이다.

산 정상에 오르는 것이든 히말라야의 일출을 감상하는 것이든 자신을 즐겁게 하는 그런 일을 다시 시도할 수 있는 건강 또는 시간이 아직 많이 남아 있다면 그 아쉬움은 그리 크지 않을 수도 있다. 그러나 건강이든 시간이든 또는 경제적 여유든 다시 또 시도할 수 있는 여유가 별로 없다면 그 아쉬움은 훨씬 커진다. 정상을 밟지 못한 것 또는 불타오르는 일출 속 신비로운 히말라야의 장관을 만끽하지 못한 것이 큰 아쉬움, 즐거움의 반대인 '큰 고통'으로 남을 것이다.

많은 이들이 말한다. 책 쓰고 강의하니 행복하겠다고. 행복하다고 단적으로 말하기에는 망설여진다. 시간 맞춰 아침저녁으로 출퇴근하는 직장생활이 단점만 있지 않듯이, 자유롭게 책 쓰고 강의하는 직업이 좋은 점만 있는 것은 아니기 때문이다. 작가와 같은 프리랜서는 행동과 시간에 있어 자유롭지만 수입의 안정성은 크게 떨어진다. 반면에 일반 직장인은 행동과 시간에 있어 구속이 많지만 수입은 안정적이다. 혹시 직장인 입장에서 수입이 안정적이긴 하지만 항상 형편이 빠듯하다고 억울해한다면 그것은 프리랜서도 마찬가지다. 아니 오히려 평균치로 본다면 탤런트나 가수 또는 작가와 같은 프리랜서들이 직장인보다 훨씬 못하다.

작가로서 행복하냐고 누군가 나에게 묻는다면, 자신 있게 행복하다고 말할 수는 없지만 이렇게 말할 수는 있겠다. 만약 다시 태어나 다음 생에서 직업을 선택한다면 지금의 이 글을 쓰고 강의하는 일을 선택할 것이라고. 더해서, 글을 쓰고 강의를 하는 일이 항상 나를 행복하게 하는 것은 아니지만 다른 어떤 일보다 행복을 느끼는 순간이 자주 있는 것은 사실이라고.

나는 사회생활을 글쓰기로 시작한 사람이 아니다. 대학에서 경영학을 전공하고 10개월 정도 대기업에 있다가 금융기관으로 옮겨 그곳에서 13년간 일했다. 그중 3년은 주재원으로 해외근무도 했다. 나를 아는 많은 사람들은 내가 금융기관에서 오래 일할 것으로 생각을 했다. 그런 생각에는 나의 형제나 부모님도 예외가 아니었다. 금융기관에서 필수 소양인 숫자를 다루는 능력이 매우 탁월했기 때문이다. 계산기나 컴퓨터를 사용하지 않고도 웬만한 숫자는 더하기 빼기는 물론 나누기 곱하기도 바로 머릿속으로 계산할 수 있다. 그러다 보니 실무자로서 일을 할 때나 보직자로서 결재를 할 때 누구보다도 일하기가 편했다. 숫자를 잘 다루는 능력이 금융기관이 필요로 하는 소양이라면 나는 어느 누구보다도 금융업무가 적성에 맞는 사람이었다.

그런데 지금 돌이켜보면, 13년간 금융기관에 근무하는 동안 놀랍게도 '금융 일 자체'가 재미있다고 느꼈었던 기억이 없다. 물론 동료와 선후배들과 함께 일을 하는 즐거움 또는 높은 급여 등에 대해서는 재미는 물론 행복하다고까지 생각할 때도 있었다. 그러나 금융 일 자체가 재미있다거나 또는 그 일을 하면서 행복하다고 생각한 적은 최소한 내 기억 속에는 존재하지 않는다. 그러다 보니 결국 직장을 그만둘 만한 적절한 계기가 마련되었을 때 그만두고 말았다. 지금 와서 돌이켜보면 그것은 예정된 길이었다. 시기의 문제이지 언젠가 도중에 금융기관을 그만둘 나였다.

나는 대학을 졸업할 때까지 자기 의지로 단 한 번도 완성된 글을 써본 적이 없다. 당연히 글쓰기로 상을 타본 적도 없다. 이렇게 말하면 사람들은 궁금해한다. 그런 사람이 어떻게 글을 쓰는 일로 먹고살 수 있냐고. 대학을 마칠 때까지 자기 의지로 완성된 글을 한 번도 써보지 않았다는 것은 글을 쓰지 않았다는 것이지, 글을 쓸 수 없다는 것은 아니다. 아직까지 해보지 않은 일은 하지를 않았을 뿐 할 수 없는 것은 아니다. 해보지 않았으니 할 수 없다면 이 세상에 걸을 수 있는 사람은 단 한 사람도 없을 것이고, 요리를 할 수 있는 사람도 없을 것이고, 노래를 잘 부를 수 있는 사람도 없을 것이다. 모든 일은 기본적으로 필요가 발생하면 하게 되어 있고, 의지가 있으면 하게 되어 있다. 그리고 그 의지가 꾸준한 실천으로 이어지면 어느 정도까지는 누구나 잘할 수 있게 되어 있다. 물론 탁월하게 매우 잘하는 데는 타고난 소질을 필요로 한다.

직장생활 13년차까지 내가 오른 산은 천황봉이 아닌 향로봉이었다. 직장생활 13년차가 되도록 나는 어떤 일이 나를 행복하게 할 것인지 진지하게 고민해본 적이 없다. 그냥 주위 사람들이 하는 대로 직장 들어가고, 직장도 월급 많이 주는 회사, 안정적인 회사 그리고 편안한 회사를 관성적으로 선택했다. 그리고 이를테면 편하게 잘 살아왔다. 인생이라는 등산을 하면서 내가 오르고자 하는 산이 천황봉인지 향로봉인지 생각해보지 않았고, 히말라야의 마차푸차레를 오르기 위한 것인지 멀리서 마차푸차레의 날렵한 모습을 감상하기 위한 것인지도 따져보지 않았다. 인생의 산을 오르는 동안 좋다 싫다 특별한 느낌도 없었다. 앞 사람의 발자국에만 온통 신경을 쓰면서 눈 덮인 산을 오르듯, 일상의 순환 속에서 휴가를 기다리고 가는 해를 소란 속에 묻곤 했다. 그러던 어느 날 관성을 벗어나 마음 한 구석에 있던 실마리를 잡고 쫓아오다 보니 지금의 이 길이었고, 다시 태어난다고 해도 이 길을 선택할 것이라는 생각까지 하게 되었다.

가정해본다. 내가 중학교, 고등학교 때 주변에 작가가 있었다면 어땠을까? 아니 작가가 아니더라도 작가의 길을 말해주는 사람이라도 있었다면 어땠을까? 그랬더라면 지금까지의 나의 삶의 시간을, 에너지를 나 자신의 행복 실현에 좀 더 충실하게 사용할 수 있지 않았을까. '무엇이 나를 행복하게 할 것인가?'를 구체적으로 진지하게 살펴볼 수 있는 다양한 '행복론'을 일찍이 만나 전공과 직업을 선택했더라면 지금보다 더 의미 있는 성취를 이룰 수 있지 않았을까? 궁극적인 목적을 행복에 둔 선택이었으니 지금보다 더 행복한 것은 말할 것도 없겠고.

나뿐만이 아니다. 청소년이고 어른이고 사실 많은 사람들은 '무엇이 자신을 행복하게 할 것인가?'에 대해 깊이 구체적으로 고민해보지 않는다. '자신을 행복하게 할 그것'에 대한 고민이 없으니, 그 행복까지 자신을 데려다줄 '행복 계획'도 당연히 없다. 물

글을 쓰고 강의를 하는 일이 항상 나를 행복하게 하는 것은 아니지만 다른 어떤 일보다 행복을 느끼는 순간이 자주 있는 것은 사실이라고.

론 '자신을 행복하게 할 것'이 시간이 지나도 변하지 않을 것이라고 장담할 수는 없다. 또 '시간 계획'을 세웠다고 해서 그대로 이루어지는 것도 아니다. 그러나 그런 것들이 자신만의 행복론을 정하지 않고 또 행복 계획을 세우지 않아도 되는 타당한 이유가 될 수는 없다. 도중에 수정을 해나가더라도 자신의 행복 계획을 세워보아야 한다. 자신의 행복론을 전혀 고민해보지 않고 계획도 세우지 않은 것보다 나름대로 행복 방향을 정하고 행복 계획을 세우는 것이 스스로를 행복하게 만들 가능성이 높다. 산을 오를 때 오를 산, 오르는 목적 그리고 시간 계획을 정하고 출발하는 것이 날씨 때문에, 체력 때문에, 그 외 어떤 다른 이유로 도중 변경이 있더라도 산을 끝까지 오르게 할 확률을 높인다.

저마다 '행복방식'은 모두 다르다

2011년 스티브 잡스가 세상을 떠나고 난 다음 '스티브 잡스가 남긴 마지막 말Steve Jobs' Last Word'이라는 글이 SNS를 타고 전해지면서 많은 사람들에게 깊은 울림과 잔잔한 감동을 주었던 적이 있다. 나중에 일부 언론에서 스티브 잡스는 그런 말을 남긴 적이 없고 내용 중 일부는 대만의 어느 수필집에 실린 것이라는 보도가 있었다. 잡스의 가족과 가까운 이들 몇몇을 제외한 일반 사람들 입장에서 사실 여부를 정확하게 확인할 길은 없다.

그런데 흥미로운 것은 주위 사람들이 이 '스티브 잡스가 남긴 마지막 말'의 '진위 여부를 따지는 것 자체'에 그다지 집착하지 않는다는 것이었다. 진위 여부가 쟁점이 되는 일반 다른 사회 이슈들을 대할 때와는 사뭇 다른 태도들이었다. 스티브 잡스가 설령 그런 말을 남기지 않았다 하더라도 그렇게 한 것으로 믿고 싶어들 하는 눈치였다. 하긴 SNS에 떠도는 내용이 설령 스티브 잡스가 남긴 말이 아니라 할지라도, 생전에 이미 철학 있는 기업가, 통찰력 있는 기업가로 널리 알려진 스티브 잡스라면 삶을 마무리하는 마지막 순간에 SNS상의 내용, 아니 그 이상의 훨씬 깊은 삶에 대한 성찰을 했을 터였다. 스티브 잡스가 남겼음직한 또는 실제로 남겼을지도 모를 '스티브 잡스가 남긴 마지막 말'의 일부를 발췌하면 이렇다.

사람들이 보기에 내 인생은 성공의 전형이다
In others' eyes, my life is an epitome of success.
하지만 일터를 벗어나면 내 삶에 즐거움은 거의 없다
However, aside from work, I have little joy.
부는 결국 내 삶에서 하나의 익숙해진 '사실'에 지나지 않는다

In the end, wealth is only a fact of life that I am accustomed to.

- 중략 -

이제야 나는 깨달았다, 우리의 삶을 유지할 수 있는 어느 정도의 부를 쌓았다면

Now I know, when we have accumulated sufficient wealth to last our lifetime

그 다음 우리는 부와 관계없는 그 어떤 다른 것을 추구했어야 한다는 것을…

we should pursue other matters that are unrelated to wealth…

- 중략 -

내 인생을 바쳐 얻은 부를 이제 나는 가져갈 수 없다

The wealth I have won in my life I cannot bring with

내가 가져갈 수 있는 것은 오로지 사랑으로 엮어진 기억들뿐이다

What I can bring is only the memories precipitated by love

- 중략 -

우리의 현재 삶이 어느 순간에 있든,

Whichever stage in life we are at right now,

시간이 지나면, 누구나 인생이란 연극의 막이 내려오는 순간을 맞이할 것이다

with time, we will face the day when the curtain comes down

가족 간의 사랑을 소중히 하라

Treasure Love for your family

배우자를 사랑하라

love for your spouse

친구들을 사랑하라

love for your friends

너 스스로를 잘 대접하라. 사람들을 소중히 여기라

Treat yourself well. Cherish others

대만의 어느 수필집에서 가져왔다고 한 매체가 지적한 부분은 위 내용 중에서 '사람들이 보기에 내 인생은 성공의 전형이다. 하지만 일터를 벗어나면 내 삶에 즐거움은 거의 없다'와 '이제야 나는 깨달았다, 우리의 삶을 유지할 수 있는 어느 정도의 부를 쌓았다면, 그 다음 우리는 부와 관계없는 그 어떤 다른 것을 추구했어야 한다는 것을…' 부분이다. 그런데 매체에 따르면 이 내용은 수필집의 저자가 직접 지어낸 내용이 아니다. 세계 500대 기업의 CEO들로부터 익명으로 받은 유언이나 격언을 편집한 내용이라 한다. 어떤 대기업 CEO가 말했든 아니면 스티브 잡스가 남겼든, 평생 일과 부의 확대를 추구하며 살아온 사람 입장에서 충분히 유언으로 남김직한 삶에 대한 회한이다.

자신이 살아온 삶에 대한 사람들의 후회는 죽음 직
전에만 있지 않다. 삶의 길목 곳곳에서 자신의 삶을
후회한다. 전공 선택을 후회하기도 하고 직업 선택을
후회하기도 하고 배우자 선택을 후회하기도 한다. 성

너 스스로를 잘
대접하라.
사람들을
소중히 여기라.

공을 향해서만 몰두하던 사람이 뒤늦게야 가족을 살피지 못했
던 것을 후회하고, 수십 년 동안 직장생활에서 주어진 일을 성실
하게 묵묵히 해온 사람이 일찍이 독립해 자신만의 일을 시도하
지 않았던 것을 후회한다. 오로지 물질적 풍요를 추구하는 삶만
살아오던 사람이 갑작스레 찾아온 정신적 공허 속에서 삶의 균
형을 잃어버린 것을 후회하고, 세상과의 타협을 거부하며 고집
스럽게 자신의 신념을 고수하며 살아온 사람이 가까운 이들에
대한 의도치 않았던 고통 전가에 자신의 삶의 방식을 후회하기
도 한다. 삶을 살아가면서 후회를 전혀 하지 않고 살 수는 없다.
그러나 후회를 줄일 수만 있다면 그것은 줄여야 한다.

모든 인간이 궁극적으로 추구하는 것은 행복이다. 그러나 저
마다의 행복방식, 즉 행복론은 모두 다르다. 사람마다 성격이
다르고 좋아하는 음악, 좋아하는 음식이 다르듯 자신을 행복하
게 하는 자신만의 행복론 역시 서로 다르다. 삶을 한참 살아본
후, '아! 지금까지 내가 살아온 방식은 나를 행복하게 하는 것이
아니었구나. 이제부터 나는 이렇게 살아야겠다' 하고 뒤늦게 내

리게 된 자신의 삶의 방식에 대한 결정을, 지금보다 훨씬 젊을 때 내릴 수 있었다면 사람들은 자신의 한정된 삶에서 후회는 줄이고 행복의 시간은 훨씬 길게 가져갈 수 있을 것이다. 그리고 스스로 깊이 생각해서 결정한 자신만의 행복방식이고 시간이 지난 뒤에도 여전히 그것이 자신에게 최선이라고 생각된다면, 다른 사람들의 다른 행복방식 또는 그런 행복방식의 결과에 대해 부러워하거나 질적으로 다른 자신의 행복을 그것들과 단순 비교하는 불합리한 행동도 하지 않게 될 것이다.

이 책에서는 6가지 행복론을 제시한다. 성공 행복론, 무소유 행복론, 도덕 행복론, 이성 행복론, 종교 행복론 그리고 감성 행복론이다. 이 6가지는 행복론을 단지 수평적으로 나눈 것이 아니다. 지금까지 동서고금을 통해 주장되어온 여러 행복론을 주요 가치별로 6개의 범주로 구분해 묶은 것이다. 그리고 각각 행복론의 이름이 의미하는 것은 그 가치에 비중을 많이 둔다는 것이지 그 가치만 추구한다는 것은 당연히 아니다. 현실적으로 그럴 수도 없다.

따라서 독자들은 6가지 행복론을 비교하면서 그중 하나를 자신의 행복론으로 선택할 수도 있고, 퓨전 음식처럼 서로 섞어 자신만의 하이브리드 행복론을 정할 수도 있다. 중요한 것은 지금까지 동서의 여러 현자들에 의해 주장되어온 행복론들을 수평적으로 살펴보면서 어떤 행복론이 자신을 더 행복하게 할 것인가를 고민과 함께 따져보고 자신의 행복론을 스스로 정하는 실천을 하는 것이다.

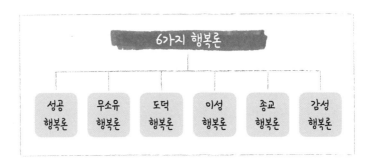

자기 주도적 행복론의 선택은 이를수록 좋다. 10대, 20대 때부터 할 수 있다면 더욱 좋다. 일찍부터 삶의 의미나 인생에서 추구해야 할 궁극의 가치를 생각하면서 자신의 삶에 진지해질 수 있고, 또 현자들의 다양한 행복론을 종합적으로 접해봄으로써 자신에게 보다 적절한 행복론을 선택해 일찍부터 시간과 노력을 효과적으로 집중할 수 있기 때문이다. 그리고 그런 자신의 행복론에 근거한 행복 로드맵에 따라 자신에게 맞는 진로를 제때 제대로 흔들리지 않고 선택해나갈 수 있기 때문이다. 전공은 물론 직업, 배우자 선택까지.

물론 10대 정도는 아직 자기 가치관이 뚜렷하게 형성되어 있지 않은 때다. 따라서 초·중·고생의 경우에는 부모나 선생님의 도움을 받아가면서 이 6가지 행복론의 의미를 종합적으로 알아보고 자신을 위한 행복 로드맵을 만들어보기를 권한다. 그런 과정에서 사고하는 습관도 갖게 되고 자기 가치관도 뚜렷해지고 일찍부터 시간과 노력을 허투루 쓰지 않는 습관도 기르게 된다. 당연히 자녀와 부모 사이의 갈등도 줄어들고 소통은 원활해진다. 수명이 길어졌다. 이제 특별한 병이 없으면 90세까지 사는 세상이다. 50대, 60대 역시 자기 주도적 행복 로드맵이 필요하다. 지금까지의 삶과 경험을 6가지 행복론에 비추어보면서 자신에게 맞는 행복론을 선택하고 그에 따른 행복 로드맵을 만들면 된다.

행복론 선택과 행복 로드맵이 완성되면 그것으로 끝나는 것이 아니다. 기업들이 장기 계획을 매년 갱신하면서 보완Rollover해나가듯이 신년 행사처럼 정기적으로 자신의 행복론과 행복 로드맵을 지속적으로 점검해나가야 한다. 자신의 가치기준이 달라질 수도 있고 환경이 달라질 수도 있다. 이때 역시 6가지 행복론을 중심으로 다양한 행복론을 전체적으로 비교 검토하면서 자신의 행복론과 행복 로드맵을 수정하고 보완해나간다. 그렇게 하기를 몇 차례 반복하다 보면 어느 순간 수정·보완이 더 이상 필요하지 않은 때가 온다. 이쯤 되면 이제 그 사람은 자신의 행복관이나 삶의 가치관이 분명해져 매우 주체적인 삶을 살고 있는 중일 것이다. 당연히 행복론 선택과 행복 로드맵 작성을 하지 않았던 때에 비해 삶의 행복도도 훨씬 높아져 있을 것이다.

실존주의 철학자 J. P. 사르트르(1905~1980)는 '인생은 B와 D 사이에 있는 C다'라고 말했다. 인간의 삶이라는 것이 곧 '출생Birth' 과 '죽음Death' 사이에 있는 '선택Choice'에 다름 아니라는 이야기다. 즉 사람의 삶 자체가 바로 '선택'의 연속이라는 이야기다. 행복 역시 '선택'이다. 선택을 하지 않는 것보다 계획적인 선택을 하는 것이 훨씬 낫다. 그리고 그 선택이 이른 시기부터의 종합적인 비교 검토와 지속적인 보완으로 완성된다면 그렇게 하지 않았을 경우에 비해 행복 실현의 확률은 훨씬 더 높아진다.

지금까지의 행복론은 주로 '성공하라, 그러면 행복할 것이다' 또는 '마음을 비우라, 그러면 행복할 것이다' 정도였다. 그리고 주장하는 이의 태도도 독자들에게 자신의 행복관을 강요 내지 설득하려는 식이었다. 얼굴 생김새가 다르고 지문이 다르고 홍채虹彩가 다르듯, 사람들의 행복론 역시 천편일률적일 수 없다. 누구에게나 자신만의 자기 선택적 행복론과 자기 주도적 행복 로드맵이 필요하다.

인생은 B와 D
사이에 있는 C다
–J.P. 사르트르

돈, 명예, 자유를 추구하고 실현하며
진정한 행복을 맛보다

성공 행복론

♪ 지극히 '인간적'이고 당연한 목표
_ 성공 행복론의 의미

성공의 종류는 다양하다. 대학교 합격, 직장 입사, 사랑하는 사람과의 결혼, 운전면허시험 통과, 승진, 자기 집 마련, 산 정상 오르기, 다이어트 목표 달성과 같은 일상 삶에서의 성공을 비롯해, 올림픽에서의 금메달 획득, 국회의원 당선, 혁신기술 개발 성공, 기업 상장과 같은 특별한 성공에 이르기까지 다양한 성공이 있다.

그러나 자기계발서 같은 데서 다루는 일반적인 그리고 자본주의 사회에서 가장 주목받는 성공은 역시 물질적인 성공이다.

그리고 다른 여러 가지 형태의 성공 중 적지 않은 것들이 사실 물질적 성과로 바뀜으로써 비로소 현실적으로 성공의 의미를 갖기도 한다. 전공 선택, 직장 선택, 승진, 자기 집 마련 그리고 올림픽에서의 메달 획득, 혁신기술 개발, 기업 상장과 같은 성공들이 모두 다 그런 것은 아니지만 결국 물질적인 부 자체이거나 물질적인 부를 위한 것이거나 또는 물질적 성과로 바뀌지 않으면 별 의미를 지니지 못하는 경우가 많다. 심지어 결혼이나 국민의 공복으로 봉사하는 선출직 공무원의 기회마저 현실에서는 물질적 향상을 위한 기회로 인식되기도 한다. 따라서 성공 행복론은 무소유 행복론, 도덕 행복론, 이성 행복론, 종교 행복론, 감성 행복론과 비교할 때, 물질적 성공을 중심으로 영향력, 명예, 자유와 같은 '성공'을 자신의 주된 '행복가치Happiness Value'로 추구하는 행복론을 의미한다.

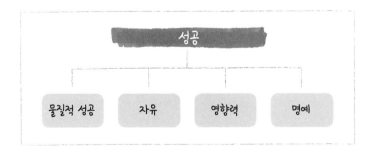

성공 행복론은 인간의 본성과 궁합이 잘 맞는다. 첫째로 '인간적 이기심'과 그렇다. 인간뿐만 아니라 인간 이외의 동물과 식물 등 살아있는 이 세상 모든 존재는 이기적이다. 자기를 우선하고 자기를 먼저 위한다. 이기심의 근거는 다름 아닌 생존이다. 먹지 않으면 살아남을 수 없고, 몸을 덥히고 쉬지 않으면 견딜 수가 없고, 이성을 유혹하지 못하면 자손을 남길 수가 없다. 따라서 이기심 자체는 선악의 법정을 벗어난다. 일반 동물과 식물은 정확히 여기까지다.

그런데 인간은 예외다. 인간은 여기서 멈추지 않는다. 한참 더 나간다. 식물과 동물은 '지금 당장' '여기에서' 필요한 먹을 것, 덥힐 것 그리고 쉴 곳을 확보하면 이기심이 작동을 멈춘다. 그런데 인간에게는 '기억'과 '상상력' 그리고 '창의성'이 있다. 따라서 인간은 현재뿐만이 아니라 과거 그리고 자신이 죽고 난 뒤의 먼 미래까지 '기억'과 '상상력'을 동원해 이기심을 작동시킨다. 더 이상 이기심을 작동시킬 여지가 없을 때에는 '창의성'을 발휘해 새로운 필요를 만들어내서라도 이기심의 활동 대상을 거의 무한대로 확장한다. 과거를 '기억'해 내 현재와 비교해 지금 더 많이 가져야 되고, '상상력'을 발휘해 자신의 노후는 물론 자손만대까지 먹고사는 데 문제가 없도록 물질을 쌓아놓고자 한다. 그리고 현재 상황이 더 이상 물질을 필요로 하지 않을 때는 새로운 놀거리(생존에 필수적이지 않은 '문화'라는 것들 등)를 '창의적'으로 생각해내어 물질이 더 필요하도록 상황을 만들어내기까지 한다. 성공 행복론은 이런 인간의 이기심에 정확히 부합한다.

두 번째로, 성공 행복론은 인간의 자기 실현Self Realization 욕구와 잘 들어맞는다. 식물과 동물에게는 자기 실현이라 할 것이 없다. 주어진 자연법칙에 따라 저절로 자기 실현이 이루어지기 때문이다. 인간은 이성적 존재다. 각자가 이성으로, 즉 자기 의지로 자기 실현을 하도록 되어 있다. 자기 실현은 다름 아니다. 글자 그대로 자신에게 주어진 잠재적 가능성을 현실에서 최대한으로 실현시키는 것이다. 따라서 자기 실현이 제대로 되기 위해서는 목표 지향적이어야 한다. 현실에만 묶여 있으면 잠재적 가능성은 그냥 가능성으로 끝나고 만다. 성공 행복론은 이런 목표 지향적 자기 실현에 가장 적합한 행복론이다.

성공 행복론은 자본주의 작용원리와도 잘 들어맞는다. 자본주의는 '개인'이 부富 소유의 주체가 되고 또 거래의 당사자가 되는 경제체제다. 따라서 자신의 노력에 따라 부자가 될 수도 있고 가난해질 수도 있으며, 그 결과에 대해서는 전적으로 본인이 책임을 지거나 향유를 한다. 그리고 자본주의 사회는 개인이 모두 부자가 되기를 원한다. 자본주의의 시조인 애덤 스미스(1723-1790)가 이야기한 것처럼, 어느 한 사람이 부자가 되고자 법 테두리 내에서 자기 이익을 추구하면 할수록 다른 사람들과 사회의 이익도 함께 커지기 때문이다. 애덤 스미스는 '보이지 않는 손 Invisible Hands'이 이 개인의 이기주의적 행동과 사회적 이익을 연결한다고 말한다.

그런데 '보이지 않는 손'은 사실 '보이지 않는 손'이 아니다. '보이는 손Visible Hands'이다. 바로 그 사회가 정한 '법'이 그것이다. 정의로운 사회에서는 법이, 개인의 이익 추구가 사회의 이익 향상으로 연결되도록 되어 있지만, 불공정한 사회에서는 개인의 이익 추구가 사회적 해악으로 연결되기도 한다. 이 같은 이유들로 공정한 사회를 전제할 때, 자본주의에서는 사회 구성원 모두가 부자가 되려고 하는 것이 선善이고 가난을 자초하는 것은 악惡이 된다. 따라서 자본주의에 기본적으로 잘 들어맞는 행복론은 바로 이 성공 행복론이다.

플라톤(BC428?~BC348?)은 사회 정의Justice를 이야기하면서 각 계급의 자기 역할을 강조하고 있다. 즉 각각의 계급이 자신들의 고유 기능을 제대로 할 때 사회가 정상적으로 돌아갈 수 있고 그것이 바로 정의라는 것이다. 플라톤은 사회를 세 계급으로 나눈다. '지배자 계급', '수호자 계급' 그리고 '시민 계급'이다. 먼저 정치를 담당하는 지배자 계급은 '지혜'가 있어야 한다고 말한다. 그리고 나라를 지키는 전사인 수호자 계급은 '용기'가 있어야 하고, 일반 시민은 적절한 '욕망'이 있어야 한다고 말한다. 정치인에게는 '지혜', 전사에게는 '용기'가 필요하다는 주장에 사람들은 쉽게 수긍한다. 그런데 일반 시민에게는 왜 윤리나 복종과 같은 것을 강조하지 않고 '욕망'이 필요하다고 했을까?

그것은 바로 일반 시민들 각자가 잘살겠다는 '욕망'을 갖지 않으면 그 사회는 상품이 제대로 생산되지 않아 모두 빈곤해지고 말기 때문이다. 군이 자본주의 사회가 아니더라도 어느 시대 어떤 경제체제에서나 사회가 물질적으로 풍요로워지기 위해서는 사회 구성원 각자가 부자가 되고 싶어하는 '욕망'을 가지고 있어야 되고 또 사회가 그것을 허용해야 한다. 20세기 100년 동안의 실험에서 공산주의 국가들이 '빈곤의 평등'을 이루게 된 것은 바로 플라톤의 《국가론》에서 공산사회 개념은 가져오면서 이 시민계급의 '욕망'의 중요성은 간과한 결과다.

자본주의 사회에서 다양한 종류의 성공이 결국 돈 문제로 귀착되는 것은 사실 자연스럽다. 인간의 삶에 필요한 대부분의 것들이 모두 돈과 교환될 수 있기 때문이다. 즉 돈은 돈의 모습을 띠고 있지만 사실 그것은 빵이고, 생수이고, 따뜻한 옷이고, 편안한 집이고, 사람들과의 친교이다. 그리고 자신의 인격이고, 가족의 행복이고, 건강이고 심지어 생명이기까지 하다. 돈이 없으면 빵, 생수, 따뜻한 옷, 편안한 집을 살 수 없고, 마음 편하게 친구를 만날 수가 없으며, 자기의 소신을 당당히 지킬 수도 없다. 가족의 행복 역시 돈으로 살 수는 없지만 돈이 없어서는 유지하기가 쉽지 않고, 건강과 생명 역시 항상 돈으로 살 수 있는 것은 아니지만 돈이 없으면 언제라도 위험한 상황에 빠질 수 있다.

성공 행복론에서 성공의 대상은 주로 '물질적 성공'이지만 '영향력', '명예', '자유'도 중요한 성공의 대상이다. '영향력'의 전형은 주로 선거에 당선됨으로써 정치인들이 갖게 되는 권력이다. 한 사회의 규칙을 정하거나 그 규칙에 따라 국가 자원을 배분하는 것이 정치인의 역할인 만큼 그 영향력은 기업과 같은 일반 사적 분야에서의 영향력과 비교가 되지 않는다. '명예'란 다른 사람보다 탁월함으로써 갖게 되는 가치다. 올림픽에서 금메달을 따거나 노래 오디션에 나가 우승을 하거나 학교에서 1등을 하는 것과 같은 경우다. 다른 사람들을 능가하는 우월함에 큰 가치를 둔다. '자유'는 다름 아닌 구속으로부터의 자유를 말한다. 타인의 간섭에 의한 구속과 생존 위협의 구속으로부터의 자유다. 임대소득이나 이자소득만으로 또는 인세印稅, Royalties소득으로 생존을 넘어선 문화생활까지 가능한 경우를 의미한다. 현실에 발을 딛고 있는 사람이라면 누구나 원하는 것인 만큼 성공 행복론의 주요 대상 중 하나다.

그런데 '공적 영향력'과 탁월함에 의한 '명예'는 사실 일시적이고 유한하다. 즉 국회의원에 당선되더라도 그 임기 동안뿐이고, 올림픽에서 금메달을 따더라도 그때 잠시 얼마 동안뿐이다. 그 기간이 지나면 기억과 자부심으로만 남을 뿐이다. 아니 오히려 영향력을 가졌을 때나 영광의 순간 이후 찾아오는 상실감이 그 이전의 행복을 상쇄하고도 남기까지 한다. 따라서 '영향력'이나 '명예'를 성공 목표로 정한 경우 사람들은 '영향력'이나 '명예' 자체가 끝나더라도 그 효과가 그 뒤로도 물질적으로 이어질 수 있기를 기도한다. 전직 대통령이나 65세 이상의 전직 국회의원에게 평생 지급되는 연금과 같은 것들이 그런 것들이고, 올림픽 메달리스트에게 평생 지급되는 연금 그리고 일시적이지만 돈으로 환산된 명예인 격려금, 광고모델료와 같은 것들이 그런 결과다.

타인의 간섭과 생존의 위협으로부터의 '자유'는 인세印稅, Royalties와 같은 수입에서 비롯된다. 성공 행복론의 대상으로서 '자유' 추구는 결국 성공 행복론의 중심인 '물질적 성공' 추구와 같은 방향이다. 다만 '자유'는 한계가 있고 '물질적 성공' 추구는 한계가 없다. 결국 '물질적 성공'을 직접 추구하는 것 이외에 성공의 주요 대상인 '영향력', '명예' 그리고 '자유'와 같은 것들도 현실에서 결국 '물질적 성공' 추구로 대체로 수렴되고 만다.

성공 행복론은 인간 본성인 이기주의나 인간의 존재 이유인 자기 실현 욕구와도 잘 맞고 자본주의 작동원리와도 잘 어울린다. 그리고 성공 행복론에 있어서의 성공은 현실에서 주로 '물질적 성공'을 이루는 것을 의미한다. 무소유 행복론이나 도덕 행복론, 이성 행복론, 종교 행복론 그리고 감성 행복론과 비교해볼 때 그런 의미로 규정할 수 있고, 돈 이외의 주요 성공 대상이라 할 수 있는 '영향력'이나 '명예' 그리고 '자유'와 같은 다른 가치들도 현실에서 결국 돈으로 환원되고 만다는 측면에서 그렇다.

♪ 원하는 것을 충분히 가졌는데 뭔가 부족하다면?
_ 성공 행복론의 한계

성공 행복론은 이기주의라는 인간의 본성, 자기 실현이라는 인간의 존재 의미와 잘 어울리고 자본주의의 속성과도 궁합이 잘 맞지만 여러 가지 한계를 지닌다.

먼저 성공 행복론에서 '물질적 성공'과 '자유'는 사실 처음부터 같은 방향이다. 둘 사이의 차이는 물질적 성공은 '많을수록 좋다The more the better' 입장인 반면에, '자유'는 일정한 수준의 물질적 성공을 목표로 한다는 것이다.

성공 행복론에서 비교적 소박한(?) 대상에 해당되는 '자유'는 타인으로부터의 간섭과 생존 위협으로부터의 구속을 벗어나는 것을 목표로 한다. 즉 '물질적 성공'처럼 부를 추구하긴 하지만 자신의 '독립' 정도 수준을 목표로 한다. 현실에서 물질적 부가 없으면 생존을 유지하기 위해 타인으로부터 구속을 받아야 하고, 어느 정도의 물질적 부를 쌓게 되면 타인으로부터의 구속에서 벗어남과 동시에 자기 독립을 이룰 수 있고, 그 이상의 부를 쌓으면 이번에는 처음과 반대로 타인에 대한 자신의 영향력을 확대해나갈 수 있다.

'자유' 추구는 이 세 단계 중 두 번째 단계를 목표로 한다. 생존을 위해 더 이상 자신의 시간과 노력을 투입하지 않아도 현재의 부가 줄어들지 않으면서 문화생활이 가능한 삶의 상태다. 구체적으로 임대소득, 이자소득, 인세소득과 같은 연금 성격의 과실果實적 소득이 인간의 삶과 정신을 풍요롭게 할 수 있는, 즉 기본적인 생존 이상의 문화생활을 가능하게 하는 상태다.

그런데 이런 자유는 두 가지 측면에서 현실적으로 달성하기 쉽지 않다. 첫째로는 그 정도 수준의 물질적 부를 쌓는 것 자체가 쉽지 않고, 두 번째로는 그 정도 수준의 물질적 부에서 부 쌓기를 멈추는 것 또한 쉽지 않다는 점이다. 첫 번째, 부 쌓기의 어려움은 일단 '자유'를 보장할 수 있는 부의 크기 자체가 그리 작지 않기 때문이다. 임대소득률(=연간 임대료/해당 부동산 가격) 및 은행 예금금리가 2%이고 문화생활을 보장하는 데 필요한 금액이 연 1억 2천만 원(월 1천만 원)이라 가정하면, 그때 필요한 부의 크기는 60억 원(=1억 2천만 원÷0.02)이다. 직장인으로는 거의 불가능하고 자기 사업을 통해서도 만들기 쉽지 않은 금액이다. '자유'를 보장하는 부의 크기는 임대소득률 및 은행 금리와 문화생활을 가능하게 하는 연간 필요금액에 의해 달라진다. 즉 임대소득률 및 은행 금리가 낮아지면 필요한 금액의 크기는 늘어나고 문화생활에 필요로 하는 금액이 낮아지면 필요한 금액의 크기는 줄어든다. 따라서 '자유'를 보장할 수 있는 금액의 크기는 시간이 갈수록 더 커질 가능성이 높다. 금리는 낮아지고 필요금액은 높아지기 쉽기 때문이다.

사회가 한창 발전해나가는 고성장기에는 사업 기회도 많이 존재해 경제성장률, 부동산 가격상승률 모두 높다. 따라서 금리 수준도 높게 유지된다. 그러나 사회간접자본이 어느 정도 갖추어지고 경제성장이 한계에 이르러 저성장 사회로 접어들게 되면 사업 기회의 감소는 물론 임대소득률, 은행 금리도 낮아진다. 심지어 연금Annuity도 낮아진다. 연금 역시 그 사회의 경제성장률 및 금리 수준과 함께 움직이기 때문이다. 반면 문화생활에 필요로 하는 금액은 늘어나기 쉽다. 사회가 발전할수록 문화생활이 더 다양해지기 때문이다. 인세소득은 재능이 뛰어난 특정한 사람들에 국한된다. 극히 일부의 작가, 작곡가와 같은 사람들에게만 해당되는 이야기다. 따라서 일반적으로 사람들은 자신의 '자유'를 이루기 위한 수단으로 처음부터 인세소득과 같은 수단은 고려대상에 넣지 않는다. 이런 몇 가지 이유로, 자신을 '자유'롭게 할 수 있는 수준의 물질적 부를 쌓는 것은 쉽지 않다.

두 번째, '자유'가 보장되는 수준에서 부 쌓기를 멈추기가 쉽지 않다는 것은, 상상력이 풍부한 인간의 무한대 이기주의 탓에 사람들은 어느 정도 부가 확보된 수준에서 선뜻 부의 축적을 멈추려 들지 않는다는 것이다. 많은 사람들이 부를 추구하는 데 있어 처음에는 '타인으로부터의 간섭과 생존 위협으로부터의 자유'를 목표로 한다. 그러나 막상 그 수준에 이르고 나면 거의 관성처럼 그 이상의, '타인에 대한 영향력 확대'로 목표를 자연스럽게 변경한다. 즉 '자유'가 아닌 '물질적 성공'으로 목표를 상향조정한다. 《성경》에서의 '돈을 사랑하는 사람치고 돈으로 만족하는 사람이 없다'(전도서6:9)라는 말 그대로다.

그런데 성공의 대상을 '자유'로 정하는 데 있어 보다 근본적인 문제는 달성 이후다. '자유'를 달성하고 난 뒤의 상태가 참으로 그 사람을 행복하게 할 것인가에 대한 의문이다. 맹자(BC372?–

BC289?)는 '사람은 우환에 살고 안락에 죽는다'[1]고 말했다. 현실에서 우리는 맹자의 이 경고가 고리타분한 도덕론에 그치고 마는 것이 아니라는 것을 심심치 않게 확인한다. 일부이겠지만, 임대소득 생활자의 무료하고 무기력한 생활, 고액복권 당첨자의 인생 파산, 주식투자 벼락부자의 무절제한 삶 등을 볼 때, '자유'를 가능하게 한 부는 부럽지만 그 '자유' 상태가 가져온 그들의 삶은 결코 우리가 원하는 그런 모습이 아니다. 그런데 문제는 이들의 삶을 퇴락시킨 '자유'가 그들만이 아닌 우리 어느 누구에게도 그렇게 작용할 가능성이 있다는 것이다.

돈을 사랑하는 사람치고 돈으로 만족하는 사람이 없다.
— 성경, 전도서6:9

'자유'가 진정 자신을 행복하게 하기 위해서는 '자유'의 삶에 대한 건강한 철학이 미리 준비되어 있어야 한다. 결국 '자유' 수준에서 부 쌓기를 멈추는 데도 철학이 필요하고, 그 '자유'를 감당하면서 자신의 행복으로 연결시키는 데도 철학이 필요하다. 사람들 대부분이 간절히 원하는 '자유'이지만 철학 없는 자유는 행복 아닌 불행, 파멸이 되기 쉽다.

'자유' 단계를 넘어 계속 물질적 부 확대를 추구하는 것은 '물질적 성공' 추구에 해당된다. '물질적 성공'은 이기주의와 자기실현 그리고 자본주의 원리와 잘 들어맞는다. 그러나 사람들의 궁극적 목적인 자기 행복과 직결되지는 않는다. 가장 큰 문제는 '물질적 성공'을 위한 부의 추구가 끝이 없는 무한대 게임이라는 것이다. 끝이 없으면 만족의 순간이 있을 수 없고, 만족의 순간이 없다면 그 사람은 항상 행복 결핍 상태, 어쩌면 불행 속에서 평생을 보낼 수도 있다. 자기 실현이 100% 이루어지고 개인의 욕망 추구로 사회를 물질적으로 크게 향상시킬 수 있겠지만 그 자신의 한정된 시간과 에너지는 결과적으로 부를 확대시키는 데만 집중적으로 쓰이게 된다.

　물론 사회를 물질적으로 풍요롭게 한다는 것은 사회적 규칙 내에서 정당하게 부를 추구했을 때에 한해서다. '물질적 성공'은 부의 확대를 추구하기도 하지만 동시에 1등을 추구하기도 한다. 1등을 하는 방법에는 내가 남보다 열심히 하는 방법도 있지만 상대방을 주저앉히는 편법도 있다. 그리고 현실에서는 법 테두리 내에서 보통 이 두 방법을 같이 쓰고 때로는 법의 담장을 넘어서면서까지 상대방을 주저앉히는 것에 비중을 두기도 한다. 그리고 자신의 능력이 부족하거나 이기주의적 게으름이 두드러지게 드러날 때는 숫제 상대방을 주저앉히는 것만으로 1등을 하려 들기도 한다. 물론 이 정도 되면 이미 법 테두리를 완전히 넘어선 게임이다. 《장자》에서 말한 '대체로 능력이 미치지 못하면 거짓을 행하고 지력이 미치지 못하면 남을 속인다'[2] 그대

로다. 따라서 '물질적 성공' 추구가 자기 행복이
되기 위해서는 '자유' 추구 이상의 자기 성찰과
철학이 필요하다. 자기 성찰과 철학이 뒷받침되
지 않을 때 '자유' 추구 행복론이 자기 방종이나
자기 불행 정도에 그친다면, '물질적 성공' 추구
행복론은 사회 부조리와 사회 가치 전도 그리고 국가 불행까지
초래할 수 있다.

2016년 리우 올림픽에서 가장 관심을 끈 인물은 미국의 수영
황제 마이클 펠프스였다. 펠프스는 리우에서 금메달 5개를 추
가함으로써 통산 23개 금메달 획득으로 올림픽 사상 개인 최다
금메달리스트가 되었다. 그런데 펠프스가 세계인의 관심을 끌
게 된 데는 최다 금메달 획득 말고 또 다른 스토리가 있었다. 바
로 '수렁에서 수영장으로'의 자기 극복 스토리였다.

금메달 4개, 은메달 2개를 딴 2012년 런던 올림픽 이후 펠프
스는 은퇴를 선언한다. 그리고 무절제한 생활에 빠져 마약 흡입
과 음주·과속 운전 등으로 경찰에 입건되고 급기야 선수자격
정지를 당하기까지 한다. 그러던 중 헤어졌다 만나기를 반복하
던 여자친구 니콜 존슨과 2014년 본격적인 연인관계로 발전하
면서 안정을 되찾고 리우 올림픽을 준비한다. 그러고는 마침내
2016년 갓 태어난 아들의 자랑스러운 아빠가 되겠다는 각오로

리우 올림픽에 참가해 금메달 5개와 은메달 1개를 목에 걸고 영광스런 선수생활 마감을 선언한다.

1등, 최고의 명예를 추구하는 성공 행복론의 문제는 먼저 그리스신화의 탄탈로스 스토리처럼 목표가 끊임없이 새롭게 멀어진다는 데 있다. 탄탈로스는 자식을 죽여 신들을 시험한 죄로 제우스에 의해 타르타로스의 물웅덩이에 갇힌다. 탄탈로스는 목이 말라 허리를 숙이지만 물은 허리를 숙인 만큼 낮아지고, 배가 고파 머리 위의 과일을 따 먹으려 손을 내밀지만 사과는 손을 내민 만큼 더 높아진다.

스포츠 세계에서의 최고는 올림픽에서 금메달을 따는 것이다. 그리고 한 번 금메달을 따면 연속해서 몇 차례 금메달을 따거나 올림픽을 비롯한 세계 여러 주요 대회에서 금메달을 따는, 이를테면 그랜드 슬램 달성을 목표로 한다. 결국 끝이 없다. 아니 끝이 있긴 하다. 그러나 그 끝은 반드시 실패다. 실패해야 끝나니까. 그래서 어떤 '1등'은 가장 화려한 전성기 때 영원한 '1등'으로 스스로 정상에서 내려오기도 한다.

그런데 이 끊임없는 더 높은 목표 추구 말고도 또 다른 문제가 있다. 최고의 목표가 고정되어 있다 할지라도 그 최고를 달성하고 난 다음 이제부터 자신을 행복하게 할 것은 무엇이냐 하는 문제다. 펠프스뿐만이 아니라 일시적이든 영원한 추락이든 스포츠와 같이 최고를 다투는 세계에서 영웅의 추락은 사실 우리에게 그리 낯설지 않다. 끝이 없는 더 높은 목표 추구에서의 궁극의 실패와, 목표 달성 이후 갑자기 찾아오는 정신적 공허, 혼란은 최고 추구 성공 행복론에서 거의 필연이다. 더구나 그런 정상 등극의 시점이 아직 삶의 굴곡을 감당키 어려운 20대 정도의 이른 때라면 더욱 그렇다.

끊임없이 목표를 높여가거나 고정된 목표를 향해 매진하거나, 어느 경우든 자기 철학이 필요하다. 그리고 일상의 소중함과 일상의 행복에 대한 인지능력과 향유능력을 갖춰야 한다. 삶의 본질은 사실 가장 높은 단상이나 열광적인 환호가 아닌 무채색의 일상이니까. 포대기에 싸여 세상모르고 잠든 어린 것의 자랑스러운 아빠가 되는 것이 금메달을 따야 하는 이유, 세계 최고의 선수로 선수생활을 마무리해야 하는 이유인 것처럼.

영향력 중 가장 큰 것은 국회의원·대통령과 장관처럼 선거와 임명에 의해 주어지는 정치권력과 행정권력이다. 이런 공적 권력은 일반 사적 영역의 그것들과는 비교가 되지 않을 정도로 세고 크다. 정치권력은 기업활동과 같은 사적 영역은 물론이고 공적 영역에 대한 규칙을 정하고, 행정권력은 정치권력이 정해놓은 규칙에 따라 자원의 분배를 결정하고 집행하는 역할을 한다. 따라서 성공 행복론에서 권력을 그 대상으로 삼은 이들이 자기 인생의 정점으로 여기는 것이 보통 이 정치권력 또는 행정권력의 획득이다.

그런데 이런 공적 권력에는 치명적 약점이 있다. 자본주의 사회의 중심축인 자본권력의 작용 규칙을 정할 정도로 막강한 영향력을 가지고 있지만, 자본권력은 영원한 데 반해 정치권력과 행정권력은 유한하다는 것이다. 임기가 끝나면 일개 시민으로 다시 돌아와야 하고, 영향력을 유지하기 위해서는 다음 선거에서 기필코 당선되거나 선거로 새롭게 당선된 이로부터 임명을 받아야 한다는 것(장관의 경우)이다. 그래서 플루타르크가 '헛된 영광에 일생을 보낸 나는 뭇사람들에게 부림당하는 노예였다네'[3]라고 말한 것처럼, 공적 권력을 추구하는 사람은 만인에게 머리를 조아리거나 판세를 읽어 잘 옮겨 다니면서 특정인의 호감을 사야 한다. 뭇사람들의 노예이거나 특정인의 노예가 되기 쉽다. 그러다 보니 권력을 가져보았던 이들 중 어떤 이들은 권력과 그 권력 획득에 빼앗긴 자신의 인생을 따져보고 주위에 권력의 허상을 한탄하기도 한다.

사실 자본주의 사회에서 영원한 권력은 기업 오너와 같은 자본권력이다. 그리고 승자는 결국 오래 남는 자이다. 그래서 영향력 중 가장 큰 권력인 정치권력 또는 행정권력을 쥔 자들은 틈

만 나면 자신의 막강한 권력을 자본권력으로 바
꿀 것을 기도한다. 임기가 끝나는 순간 그에게
는 어떤 권력도, 심지어는 생계와 노후생활을
유지할 능력마저 남아 있지 않을 수도 있기 때
문이다. 다음 선거에서 다시 선출되지 못할 가능성이 높을수록
이런 유혹은 더 강해진다. 그런 결과 수많은 정치인들과 장관들
이 임기 후 또는 임기 중에 천국에서 지옥으로 추락해 하루아침
에 영어囹圄의 몸이 되기도 한다.

권력 지향적 성공 행복론에서 행복과 관련된 제일 큰 문제는
사실 권력 지향 속성 자체에 있다. 선출직들은 1등(단체장, 소선거
구 의원)만 당선된다. 그리고 2등은 없다. 스포츠와 같은 분야에
서는 금메달에 큰 가치를 두기는 하지만 은메달도 있고 동메달
도 있다. 권력 게임에는 2등이 없다. 1등 외 나머지는 모두 실패
한, 불행한 이들이다. 대통령 선거, 국회의원 선거 모두 그렇다.
따라서 스포츠처럼 경쟁을 하는 게임이긴 하지만 사생결단의
경쟁이 될 수밖에 없다. '승자독식Winner takes all' 게임에서 나만 잘
하는 전략은 순진하다. 상대방을 끌어내리는 온갖 술수도 함께
동원된다. 추악한 싸움이 되기 십상이다. 멀쩡하던 사람이 정치
에만 들어가면 인상이 바뀌고, 또 정치인 하면 곧바로 연상되는
감언이설과 몰염치의 배경이 바로 이런 것들이다.

진정한 성공 행복론을 위한 자기 철학

성공 행복론이 자신의 행복으로 이어지기 위해서는 자기 철학이라는 연결고리가 필요하다. 첫째, 인생은 옷이나 신발과 같은 제품이 아니다. 옷이나 신발은 자체로서의 '완성'을 위해 시간과 과정을 필요로 한다. 즉 '완성' 전의 시간과 과정은 '완성'을 위해서만 의미가 있을 뿐이다. 인간은 처음부터 이성적 존재로 태어나, 태어난 이후 죽을 때까지의 모든 시간들이 의미를 갖는다. 즉 행복의 대상은 '순간의 결과'가 아니라 '살아가는 전 과정'이다. 어떤 일시적 결과가 큰 기쁨을 주더라도 그 뒤는 다시 무료한 과정이 기다리고 있고, 그 일시적 성공마저도 사실은 삶이라는 과정의 어느 한 순간일 뿐이다.

둘째, 개인의 성공은 사회의 성공과 같은 방향일 때 비로소 그 개인의 행복으로 이어진다. 개인의 부는 다른 사람들의 만족을 향상시킬 때, 즉 다른 사람들을 행복하게 할 때 자연스럽게 따라온다. 따라서 부(富)는 간접적 결과이며 사실 직접적인 목적은 아니다. 부자를 목표로 한다면 어떻게 사람들을 그리고 사회를 더 행복하게 할 수 있을까에서부터 출발해야 한다. 뒤집어 말하면 소비자가 나의 상품을 선택하고 행복해야 내가 돈을 벌수 있다. 이것은 도덕론이 아닌 경제 기본원리다. 경제원리에 충실할 때 비윤리나 탈법과 같은 문제들은 처음부터 아예 끼어들 여지가 없다.

공적 권력은 사실 그 소유권이 국회의원이나 대통령에게 있지 않다. 국민에게 있다. 그들의 권력은 국민으로부터 잠시 위임받은 것일 뿐이다. 따라서 공적 권력은 권력 수임자 자신이 아닌 국민을 위해 써야 한다. 너무나 당연한 이야기다. 당연한 이 원칙을 분명히 인식하게 되면 위임된 권력은 이제 더 이상 권력 아닌 의무가 되고, 향유 아닌 봉사와 희생이 된다. 따라서 원칙대로라면 정치인이나 장관을 목표로 하는 것은 '성공' 행복론에 포함되지 않아야 타당하다. 물론 나라와 국민에 대한 봉사와 자기 희생의 기회를 갖는 것이 '진심으로' 자신의 성공 기준이고, 또 그것이 자신을 행복하게 한다면 성공 행복론에 해당된다고도 볼 수 있다. 그런데, 그렇다면 인간의 이기주의적 속성에 비추어볼 때 정치인이나 장관을 하겠다고 나서는 사람들이 그리 많지 않아야 한다. 심지어 강제로 국회의원이나 대통령, 장관을 시키는 상황도 심심치 않게 발생해야 맞다. 온갖 음해와 술수까지 동원해 이전투구를 벌이면서 '기필코 내가 봉사와 자기 희생을 하고야 말겠어' 하고 나서는 싸움은 아무리 생각해도 어색하다. 공적 권력은 개인의 이익을 도모하는 기회가 아닌 것은 물론이고 향유하기 위한 것도 아니다. 민주주의 원칙 그대로 봉사이자 희생이다. 사회와 국가 입장에서 본, 앞서 플루타르크의 '노예'의 또 다른 의미이다. 국민의 머슴이다.

'자유'를 추구하는 성공 행복론은 다른 성공 행복론에 비해 타인과 사회에 유해한 영향을 미칠 가능성이 낮지만 마찬가지로 유익한 영향을 미칠 일도 없다. 타인의 간섭과 생존의 위협으로부터 자신의 독립을 추구할 뿐, 그 이상 타인에 대한 영향력 확대를 추구하지 않는 행복론이기 때문이다. '자유'를 추구하는 행복론의 문제는 외부가 아닌 내부에 있다. 누구나 간절히 원하는 자유지만 막상 자유가 찾아왔을 때 기대했던 만큼 행복을 만끽하는 사람은 많지 않다. 그것은 바로 행복이 '어떤 것을 하지 않아도 되는' 소극적인 상태에 있는 것이 아니라, 의도적으로 '무엇인가를 하는 것'에 있기 때문이다. 즉 '자유'는 자기가 하고자 하는 것을 선택할 수 있는, 즉 행복의 가능성을 높이는 수단이지 '자유' 자체가 행복은 아니다. 따라서 성공의 대상을 '자유'로 정했을 때는 그 자유 이후 나를 행복하게 할 '그 무엇'도 함께 정해져 있어야 하고 바로 그것이 진정 나를 행복하게 할 수 있는 것이어야 한다.

셋째, 물질적 성공이나 권력을 추구하는 성공 행복론에서 개인 능력의 크기는 반드시 윤리적 태도와 비례해야 한다. 물질적 성공과 권력은 반드시 타인과 관계를 맺어 타인에게 영향을 미치게 되는데, 윤리가 전제되지 않으면 그 끝은 사회적 불행이기 때문이다. 탁월한 능력이 비윤리와 더해져 거악의 괴물이 되고, 민주주의적 사고가 결여된 권력이 국가적 재앙을 낳고, 윤리가 장착되지 않는 거대 자본이 사회적 폭력으로 작용하는 것을 우리는 늘 목도한다. 정상적인 이성을 가진 사람이라면 사회를 불행에 빠트리고 저 혼자 행복을 느낄 수 없다.

애덤 스미스는 '이기주의Self-love는 칭찬받을 가치도 없지만, 그렇다고 어떤 비난을 받아서도 안 된다[4]라고 말한다. 성공 행복론을 추구하는 것 자체에는 어떤 문제도 없다. 다만 그것이 타인, 사회와 관계할 때는 그렇지 않다. 한 사람의 성공 행복론이 다른 사람의 행복 향상에 도움이 될 수도 있지만, 반대로 고통, 재앙 그리고 폭력으로 작용할 수도 있기 때문이다.

해결 방법은 다름 아니다. 성공 행복론을 추구하는 이가 성공의 무게만큼 준법 이상의 윤리도덕을 갖추는 것이다. 물론 이것은 타인의 행복뿐만 아니라 궁극적으로 자신의 행복도 위하는 방법이다. 시인 도연명(365-427)은 '하루 종일 이익을 쫓아 분주할 뿐, 지혜를 찾는 이를 찾아볼 수가 없구나[5]라고 한탄했다. 물질은 넘쳐나고 성공 스토리는 쌓이는데 정작 사회는 오히려 더 음울해지고 있는 이유다.

이기주의(Self-love)는 칭찬받을 가치도 없지만, 그렇다고 어떤 비난을 받아서도 안 된다.
-애덤 스미스

가진 것 거의 없이도
이토록 행복할 수 있다니!

무소유 행복론

♪ 내려놓을수록 행복해지는 비움의 철학
  _ 무소유 행복론의 의미

한 종편 방송사의 '나는 자연인이다' 프로그램이 인기다. 시청률이 자그마치 5-6%다. 종편 치고 굉장히 높은 수준이다. 나이 든 남성들이나 좋아할 것이라고 생각했는데 그렇지가 않다. 20대 남성 시청률도 꽤 높단다.

프로그램 속의 '자연인'들이 사는 환경은 부족한 것이 한두 가지가 아니다. 그런데 그들이 실제 생활하는 것을 보면 별로 불편함이 없다. 조리 기구는 삶아 먹고 볶아 먹을 수 있는 냄비나 프라이팬 몇 가지면 되고, 식재료는 손바닥만 한 집 앞 텃밭이나 산 속에서 모두 조달한다. 입을 것도 거의 돈 들어갈 일이 없다. 도시인처럼 양복을 입거나 모양새 내거나 유행을 의식할 일이 없으니 더우면 그냥 몸 가리고 추우면 몸 덮힐 수 있을 정도면 된다. 집은 개성에 따라 나름 모양새를 내기도 하지만 보통은 눈비 가리고 바람 막을 정도다. 낮 동안에는 산 속에서 필요한 것 구하러 다니다 바람, 뭉게구름 벗하면서 쉬고, 밤이면 영창 찾아든 달빛 맞으며 안식을 취한다. '나도 저렇게 살아봤으면' 하는 생각이 절로 든다.

불교와 힌두교의 뿌리인 브라만교에는 아슈라마āśrama라는, 인생을 4단계로 나누는 개념이 있다. 스승 밑에서 경전인 베다를 공부하는 범행기brahmacarya, 장성해 결혼하고 아이 키우며 가정생활을 하는 가주기gārhasthya, 아이들을 키워 출가시키고 난 다음 숲으로 들어가 수행을 하는 임서기vānaprastha 그리고 마지막으로 걸식하고 돌아다니면서 다음 생을 준비하는 유행기sannyāsa다. 사람들은 나이가 들면 '자연인'까지는 아니더라도 도시보다 자연에 가까운 삶을 꿈꾼다. 귀농, 귀어를 한번쯤 생각해보는 것이 그런 것이고, 하다못해 전원생활을 꿈꿔보는 것이 바로 그런 것이다. 지금까지 이기기 위해 살아왔다면 이제부터는 쉬기 위해, 지금까지 나를 잊고 살아왔다면 이제부터는 나를 찾기 위해, 지금까지 축적하기 위해 살아왔다면 이제는 비우면서 살고 싶은 것이다. 바로 브라만교 아슈라마의 3번째 단계인 임서기를 맞이하는 자세다.

인도의 바라나시는 늘 사람들로 북적인다. 전 세계 사람들이 부처가 처음으로 설법을 편 곳에서 비움의 철학을 몸과 마음으로 느끼고자 모여들기 때문일 것이다. '성스러운 강' 갠지스 한쪽에서는 불의 정화 속에서 육체와 영혼을 원래 왔던 자리로 되돌리는 의식이 매일같이 이루어진다. 여권과 지갑이 든 가방을 단단히 움켜쥔 여행자들은 삶과 죽음의 경계가 희미한 낯선 광경에 한동안 자신을 망각한다. 그리고 갠지스를 떠날 때, 세상에 올 때 빈손으로 왔던 이들이 다시 불의 정화 속에서 빈손으로 돌아간다는 것을 기억한다. 기억은 오랜 여운으로 이어진다. 바라나시의 갠지스 강은 그런 곳이다. 살아있는 이들에게, 많이 움켜쥐는 데 익숙한 이들에게, 바벨탑을 높이높이 쌓는 데만 온통 신경을 집중하고 사는 이들에게 이제 그만 쉬라는, 내려놓으라는, 멈추어 자신의 내부를 향하라는 비움의 철학을 말하고 있다.

사실 현대인은 너무 많은 것을 이고 지고 움켜쥐고 깔고 앉아 있다. 10년 동안 입지 않았던 옷이 장롱을 채우고, 10년 동안 펴보지 않았던 책이 책장을 짓누르고, 10년 동안 신지 않았던 신발이 신발장을 비좁게 한다. 옷이나 책, 신발뿐만이 아니다. 10년 동안 서로 안부 한 번 묻지 않았던 전화번호, 10년 동안 식사 한

번 함께하지 않았던 사람관계가 스마트폰을 채우고 명함꽂이에 넘쳐난다.

10년 동안 입지 않고 신지 않았던 옷과 신발이라면 앞으로도 입을 일, 신을 일이 없다. 10년 동안 읽지 않았던 책, 10년 동안 걸어보거나 받아본 일 없는 전화번호, 10년 동안 무심했던 사람관계라면 앞으로도 10년, 아니 죽을 때까지 읽을 일, 만날 일이 없다. 사용하지 않으면서 이고 지고 있는 것은 더 이상 살림살이, 재산이 아니다. 그냥 짐일 뿐이다. 서로의 안부에 관심이 없고 생각날 때 망설임 없이 전화번호를 누를 수 없는 그런 관계는 더 이상 재산이나 벗이 아니다. 고지서이거나 괜한 서운함이거나 기껏 해봤자 막연한 기대일 뿐이다. 필요 없는 살만, 필요 없는 지방만 사람을 힘들게 하는 것이 아니다. 과잉의 소유, 과잉의 관계도 사람을 힘들게 한다. 현대인은 몸만 다이어트가 필요한 것이 아니라 소유와 관계도 다이어트가 필요하다.

무소유 행복론의 '무소유'는 법정 스님의 수필집 《무소유》에서 가져왔다. 1976년 출간되어 밀리언셀러가 되면서 국민서적이라 할 정도로 많은 사람들에게 읽히고 또 그들에게 마음의 안식을 준 책이다. 스님은 책 내용에서 난초蘭草에 대한 일화를 말한다. 어떤 스님이 준 난초 두 분을 키우게 되었는데, 난이 원체 까다로운 식물인지라 난에 관한 책도 구해 읽고 난에 맞는 비료도 사 나르면서 지극정성으로 키웠단다. 정성 속에서 잘 자란 난은 이른 봄 은은한 향기와 연둣빛 꽃으로 스님을 즐겁게 해주었단다. 그런데 언제부턴가 이 난초 때문에 자신의 행동이 제약 받고 마음이 얽매이는 것을 알게 되었단다. 그래서 키운 지 3년 만에 결국 친구에게 난을 줘버리고 말았다는 이야기다. 법정 스님은 이 난을 키우고 그리고 난을 다른 이에게 줘버리면서 집착의 괴로움과 무소유의 편안함을 크게 깨달았다고 말한다.

법정 스님 정도의 깊은 깨달음은 아니지만 사실 누구나 이런 비슷한 경험을 한다. 10여 년 전에 몽블랑 펜을 선물 받은 적이 있었다. 꽤 좋아 보이고 가격도 만만치 않은 것이라 애지중지했다. 원고를 쓰거나 메모를 할 때는 이 몽블랑을 사용하지 않았다. 보통의 값싼 볼펜을 사용했다. 간혹 독자들에게 사인을 해줄 일이 있거나 할 때만 안주머니에서 몽블랑 펜을 꺼내 사용했다. 그런데 어느 날 품속에 있어야 할 몽블랑 펜이 보이지 않았다. 어디에 빠트렸는지 어쨌는지 도무지 찾을 수가 없었다. 그때 생각을 한 것이 '다시는 비싼 펜을 갖지 않겠다, 펜 하나에 그렇게까지 마음을 주지 않겠다'는 것이었다. 생명 없는 물건이지만 몇 년 동안 애지중지하던 것을 잃고 난 뒤의 상실감이 생각보다 컸다.

'본질적으로 내 소유란 있을 수 없다. 내가 태어날 때부터 가지고 온 물건이 아닌 바에야 내 것이란 없다. 어떤 인연으로 해서 내게 왔다가 그 인연이 다하면 가버리는 것이다[6]라는 법정 스님 말씀처럼, 사람들은 이 세상에 태어날 때 모두 벌거숭이로 왔다. 아무것도 소유하지 않은 채로 왔다. 그리고 이 세상을 떠날 때도 똑같다. 굳이 다른 것이 있다면 흰 옷 하나 얻어 입고 간다는 것뿐이다. 고대광실 재벌이든 길거리 홈리스든, 거칠 것 없는 권력자든 움츠린 소시민이든, 가장 지혜로운 이든 정신이 온전치 못한 이든 예외가 없다.

법정 스님의 '무소유'는 많은 이들에게 감동을 주었다. 그리고 적지 않은 이들이 실제로 자신이 소유하고 있는 것 중 반드시 필요하지 않은 것이 무엇인가를 생각해보았다. 하나를 비울 때 하나의 집착에서 벗어나고 둘을 비울 때 두 개의 얽매임에서 벗어나고 그러다 어느 때가 되면 모든 구속과 얽매임에서 벗어나 가장 자유로운 상태, 가장 행복한 상태가 될 것이기 때문이었다.

힌두교 경전인《바가바드기타》에는 '세상에서 가장 불가사의한 것은 무엇인가?'라는 질문에 '날마다 주변에서 수많은 사람이 죽어가는 것을 보면서도 자신만은 영원히 살 것처럼 생각하는 것이다[7]라는 대답이 나온다. 현대인들 대부분의 모습이다.
《무소유》가 베스트셀러가 되고 무소유 행복론이 사람들의 관심
을 끄는 것은 다름이 아니다. '영원히 살 것처럼' 살면 살수록 자
유와 행복은커녕 마치 늪에 빠진 것처럼 삶
이 몸과 마음을 더욱 옥죄어온다는 것을 조
금씩 알아차리기 시작했기 때문이다. 그리고
그에 대한 현실에서의 해결책을 사람들이 '나
는 자연인이다'에서, 인도 바라나시의 갠지스
에서, 귀농 귀어에서 찾고 있는 중이다.

> 본질적으로 내 소유란
> 있을 수 없다. 내가 태어날
> 때부터 가지고 온 물건이
> 아닌 바에야 내 것이란 없다.
> 어떤 인연으로 해서 내게
> 왔다가 그 인연이 다하면
> 가버리는 것이다.
> -법정 스님

♨ 나는 만족스럽고 행복한데, 내 주변이 괴로워진다면?
- 무소유 행복론의 한계

법정 스님의 '무소유'는 사회적으로 많은 반향을 불러일으켰
다. 앞만 보고 달리던 사람들에게 뒤를 돌아보게 하고, 축적만
을 지상과제로 삼던 사람들에게 비움의 행복을 생각해보게 하
고, 속도만을 중요시하던 사람들에게 방향을 따져보게 했다. 그
러나 '무소유'라는 '행복가치Happiness Value'는 사람들을 행복하게
하는 데 '도움'은 될지언정, '무소유' 자체가, '무소유 지향적 삶'

자체가 사람들을 행복하게 하는 데는 현실적으로 여러 한계를 지닌다. 즉 '무소유'가 사람들의 마음에 일시적인 안정과 평화를 줄 수는 있지만, 그 자체가 행복의 궁극적 목적이 되기는 적절치 않다.

　무소유 행복론은 언뜻 고상한 행복론처럼 여겨지지만, '만족'을 행복의 기준으로 삼는다는 점에서는 성공 행복론과 마찬가지로 물질적이다. '행복'을 '만족'과 동일시할 때 행복공식은 '만족', '결과', '기대' 그리고 '노력' 4요소로 이루어진다. 만족 행복공식은 이렇다.

$$* \ 만족(행복) = \frac{결과}{기대}$$

$$* \ 결과 = 노력(If, \ 정상적인 \ 사회)[8]$$

* 행복(만족)을 높이려면!
　'기대'를 낮추거나('무소유 행복론')
　'결과=노력'을 높이거나('성공 행복론')

　만족 행복공식에서의 '만족', 즉 '행복'을 높이기 위한 방법은 두 가지다. 분자인 '결과'를 높이거나 분모인 '기대'를 낮추는 것이다. 여기서 '결과'를 높이는 데 주력하는 것이 '성공 행복론'이고, '기대'를 낮추는 데 관심을 두는 것이 '무소유 행복론'이다. '기대'가 일정할 때 '결과'를 높이면 '만족'이 커지고, '결과'가 일정할 때 '기대'를 낮추면 마찬가지로 '만족'이 커진다. 그리고 '기대'는 자의적이지만, '결과'는 정상적일 경우 '노력'에 비례한다.

무소유 행복론에 있어서의 첫 번째 문제는 인간의 본성인 '이기주의'에 의한 '자기 편의적' 무소유 추구다. 사람들은 무소유 행복을 추구하겠다고 하면서 '기대'를 줄이기보다 '노력'을 줄이는 경우가 많다. '지금까지 너무 앞만 보고 달려왔어. 이제부터 욕심을 줄여야지' 하면서, 정작 욕심의 대상인 '기대'는 줄이지 않고 '노력'에 해당되는 활동을 줄이는 것이다. 출근 전 새벽에 다니던 외국어학원을 그만둔다든지, 식당 매출을 늘리기 위해 주변 사무실에 전단지를 돌리던 노력을 그만둔다든가 하는 식이다. 그런데 '결과'는 다름 아닌 '노력'에 의해 결정되고, 정상적인 사회라면 '결과=노력'이다. 따라서 '만족=결과/기대=노력/기대'인데, '기대' 아닌 '노력'을 줄이면 '만족'은 올라가는 것이 아니라 오히려 줄어들게 된다.

무소유 행복론이 되기 위해서는 '결과'를 가져오는 '노력'은 그대로 유지한 채 '기대'만 낮춰야 하고, '노력'을 줄일 경우에는 당연히 그 이상으로 '기대'를 더 낮추어야 한다. 영어학원을 그대로 계속 다니면서 영어실력 향상에 대한 '기대'를 낮추거나, 식당 전단지를 돌리던 노력을 멈췄으면 매출은 전단지 배포 중단의 영향보다 훨씬 더 떨어질 것으로 미리 '기대'하고 있어야 한다는 이야기다. 그것이 바로 '지금까지 너무 앞만 보고 달려왔어. 이제부터 욕심을 줄여야지'의 실천, 즉 '기대'를 줄이는 무소유 행복론의 실천이다.

두 번째 문제는 '기대'를 낮추는 데 있어 현실적으로 낮출 수 있는 여지가 그리 많지 않다는 것이다. 이는 곧 아이러니하게도 '기대'는 그대로 두고 오히려 '결과', 즉 '노력'을 더 높여야 한다는 이야기이기도 하다. '무소유 행복론'이 아닌 이를테면 오히려 '성공 행복론'을 추구하지 않으면 안 될 사람이 많다는 의미다.

도시에서 가정을 유지하고 생활하는 데는 적지 않은 돈이 들어간다. 생계유지, 자녀교육, 최소한의 문화생활, 거기에 자녀결혼과 부부의 노후준비까지 고려할 때 아무런 문제없는 가정은 사실 그리 많지 않다. 노후준비는 고사하고 TV 시청을 문화생활로 삼고 가까스로 자녀교육을 해나가는 것이 대부분의 가정 현실이다. 따라서 만족 행복공식에서 '기대'를 낮춘다는 것은 사실 일부에 해당될 뿐, 대부분의 사람들에게는 낮추고 말고 할 것이 없다. 생계유지, 자녀교육, 최소한의 문화생활, 자녀결혼과 부부의 노후준비가 안 되는 사람이 '무소유'에 취하면 결국 독립된 인격으로 살 수 없게 되고 국가와 주위에 자신의 생계 부담을 떠넘기는 결과를 가져오기 쉽다.

세 번째 문제는, 산업자본주의 사회에서 중산층과 빈곤층은 백지 한 장 차이라는 것이다. 산업사회는 분업화, 전문화를 특징으로 한다. 분업화는 생산성 향상을 위해 개인의 독립을 원천적으로 방해하는 시스템이다. 산업화에 따른 분업화 이전의 농경사회에서 개인은 경제적으로 독립되어 있었다. 물고기를 잡거나 사냥을 하거나 농사를 짓거나 자신이 모든 것을 전적으로 처리했기 때문에 생산성은 낮지만 자연에 발을 딛고 있는 한 타인에 의존하지를 않았다. 그러나 분업사회에서 사람들은 생산수단을 가진 자본가에게 의존적일 수밖에 없다.

거기에, 분업화는 필연적으로 전문화를 가져온다. 즉 분업화된 환경에서 일을 하면 할수록 사람들은 특정한 그 한 분야만 고도로 잘하게 된다. 그러다 시간이 흘러 그런 특정 분야를 만나지 못하는 때가 오면 그 사람의 전문화된 기술은 아무런 쓸모가 없게 된다. 기업 임원을 지내면서 억대 연봉을 받던 사람이 퇴직 후 월 백만 원 남짓 받는 경비직으로 취직하는 경우가 바로 이 때문이다. 수십 년에 걸쳐 고도로 전문화된 자신의 기술이 딱 들어맞는 기회를 찾지 못하면 사람들은 누구나 가지고 있는 '단순노동'밖에 팔 것이 없게 되고, 그런 누구나 가지고 있는 흔한 능력은 팔겠다고 하는 사람이 많으니 당연히 급여가 낮아진다.

이런 자본주의 사회의 분업화와 전문화 환경에서 사람들의 경제생활은 보통 재산Stock이 아닌 소득Flow을 따른다. 즉 부동산과 같은 '소유재산'이 아닌 월급과 같은 '급여소득' 기준으로 경제생활 수준이 정해진다. 따라서 자본주의 사회에서는 직장을 다니는 동안에는 중산층이지만 직장을 그만두는 순간 생활의 질이 갑자기 낮아지는 경우가 많다. 거기에 재산형성 과정상의 실패가 끼어들면 곧바로 빈곤층으로 추락하기 십상이다. 따라서 대부분 급여 생활자인 자본주의 사회에서 중산층과 빈곤층 사이의 간극은 매우 좁다. 단, 중산층이 빈곤층으로 추락하는 데 그렇다는 것이다. 결국 자본주의 사회에서 무소유 행복론은 마음의 위안을 위한 수단 정도이지, 그 자체를 행복론으로 추구하기에는 적절치 않다.

네 번째 문제는, 무소유 행복론이 인간으로서의 존엄성을 잃게 하기가 쉽다는 것이다. 《성경》은 '가난하면 이웃도 싫어하지만 돈이 있으면 친구도 많아진다'[9], '가난하게도, 부유하게도 마십시오. 먹고살 만큼만 주십시오. 배부른 김에, "야훼가 다 뭐냐"고 하며, 배은망덕하지 않게, 너무 가난한 탓에 도둑질하여 하나님의 이름에 욕을 돌리지 않게 해주십시오'[10]라고 말한다. 공자는 '가난하면서 남을 원망하지 않기 어렵고, 부자이면서 교만하지 않기는 쉽다'[11]라고 말하고, 맹자는 '일정한 재산이 없으면 마음도 일정할 수가 없다'[12]라고 말한다.

　한마디로 인간은 가난해지면 인간으로서의 존엄성을 잃기가 매우 쉽다는 이야기다. 부유하지는 않더라도 가난하지는 않아야 존엄성을 유지하는데, 아쉽게도 자본주의 사회에서는 그 중간지대가 별로 두텁지 않다. 중산층 바로 곁에 빈곤이 도사리고 있다. 따라서 무소유 행복론은 자칫 인간을 비인간화로 몰아가기 쉽다.

　다섯 번째, 무소유 행복론은 인간의 존재 의미인 '자기 실현'에 반한다. 니체는 '자신의 악마를 추방할 때는 자기 안에 있는 최선의 것을 추방하지 않도록 조심할 일이다'[13]라고 말한다. 욕망이 문제를 일으킨다고 해서 그 인간의 욕망을 제거하면 욕망의 실천인 인간의 자기 실현 가능성도 마찬가지로 거세되고 만다.

　무소유 행복론은 소극적 행복론이다. 일단 '기대'를 줄이는 행복론이다. 현실에서 '기대' 축소는 '노력'의 축소로 이어지기 쉽고, '노력'의 축소는 결국 자기 실현의 자발적 포기를 낳기 쉽다. 망치는 못을 박을 때 망치이고 꽃은 나비를 부를 때 비로소 꽃이듯, 이성적 존재인 인간은 그 이성을 최대한 활용해야 인간이다. 자기 실현 기회의 자발적 포기는 인간을 불완전 연소하게 한다.

그리고 인간의 자기 실현 포기, 욕망의 거세는 사회를 빈곤하게 한다. 한 국가의 경제는 '생산'이 '분배'로 이어지고, '분배'가 '지출'로 이어지고, '지출'이 다시 '생산'을 불러일으킨다. '생산'에 대한 욕망 축소는 '분배'와 '지출'의 축소로 그리고 다시 '생산' 자신의 축소로 악순환되면서 사회 전체를 가난하게 한다. 사회 전체의 부 축소는 결국 무소유의 삶도 더 어렵게 한다. 플라톤의 '시민은 욕망을 가져야 한다'는 주장은 옳다. 욕망이 있어야 사람들의 자기 실현이 가능해지고 사회도 유지된다.

마지막 여섯 번째로, 무소유 행복론에도 자기 철학이 필요하다. '나는 자연인이다' 프로그램을 보다 보면 '자연인'들의 언행에서 철학이 읽힌다. 자기 삶에 대한 인생관이 대체로 분명하다. 쉽사리 흔들릴 것 같지 않고 또 수긍 가는 부분도 많다. 그런데 '자연인'들의 공통점은 대부분 독거다. 혼자 산다. 그것은 무소유

행복론 철학이 배우자와 자녀들로부터 이해까지는 받을 수 있을
지 몰라도 전적인 동의까지는 받기 어렵다는 것을 보여준다.

무소유 행복론이 현실적으로 가능하려면 자기 혼자이면서,
무소유의 삶에 대한 자기 생각이 분명해야 한다. 가족이 있으면
가족 부양의 필요상 무소유를 지향하기가 어렵다. 또 자신이 무
소유를 지향한다고 해서 그것을 배우자나 자녀에게까지 강요할
수는 없다. 행복론은 한 사람의 삶 전체를 좌우하는 것으로, 가
장이라 해서 배우자나 자녀의 삶 전체를 좌우할 권리까지 가지
고 있는 것은 아니기 때문이다. 그리고 한때의 감상이나 객기가
아닌 진정한 무소유 행복론이 되기 위해서는 자신의 삶의 방향
에 대한 확신이 서 있어야 한다.

따라서 현실에서 무소유 행복론은 소수의 사람들에게만 해
당될 수밖에 없다.

항상 당당하고 떳떳한
나 자신이 참말로 좋다!

도덕 행복론

🌱 스스로 부끄럽지 않은 삶

– 도덕 행복론의 의미

행복이 '마음의 평화'라면 그 행복의 근원은 바로 도덕적 행위다.

많은 사람들이 삶의 좌우명으로 중·고등학교 윤리 교과서에 나오는 맹자의 호연지기浩然之氣를 삼는다. 클 호浩, 그러할 연然, 한자 의미 그대로 그 어떤 것도 거칠 것이 없는 당당함, 그런 느낌이다. 이 말을 처음 사용한 맹자는 호연지기를 '그 기운 됨이 매우 크고 강해 정직으로 키우면서 다른 잘못된 짓을 하지 아니하면 이 세상천지를 꽉 채우게 된다'[14]라고 말한다.

여기에서의 핵심은 '정직'이다. '바른', 즉 '도덕적인' 행동으로 자신을 꾸준히 키워가면서 '잘못된' 또는 '거짓된' 행동을 멀리하다 보면 호연지기가 만들어지는데, 그 양상이 세상을 꽉 채울 정도로 크고 강력하다는 이야기다. 당당하기가 비할 데 없는 기운이다. 거칠 것이 없고 두려워할 것이 없으니 마음은 자연히 평화로울 수밖에 없다.

> 그 기운 됨이 매우 크고 강해 정직으로 키우면서 다른 잘못된 짓을 하지 아니하면 이 세상천지를 꽉 채우게 된다.
> ─맹자

호연지기 말고 사람이 당당할 수 있는 조건으로 맹자가 언급한 또 다른 말이 있다. 바로 대장부大丈夫다. 우리는 대장부 하면 흔히 씩씩한 느낌의 "사내대장부가 말이야"와 같은 말을 떠올린다. 맹자는 대장부를 '천하의 넓은 집(인仁)에 살며, 천하의 바른 자리(예禮)에 서며, 천하의 큰 도(의義)를 행한다. 공직을 맡게 되면 백성과 함께 도를 행하고, 공직에서 물러나면 홀로 도를 행한다. 부귀 속에서도 방탕하지 않으며, 가난하고 천한 신분이 되더라도 절개를 꺾지 않으며, 위협이 있더라도 굴복하지 않는다. 이런 사람을 일러 대장부라 한다'[15]라고 말한다.

그냥 단순히 두려움 없는 당당한 사내 정도의 의미가 아니다. 항상 인의예지仁義禮智를 홀로 또는 사람들과 함께 실천하면서, 부자가 되거나 높은 자리에 올랐다고 해서 자세가 흐트러지거나 교만해지지 않고, 가난하거나 낮은 자리에 처했다고 해서

비굴해지지 않고, 힘센 사람이 힘과 권력으로 위협한다고 해서 굴종한다든가 하지 않는 그런 사람이 바로 대장부라는 이야기다. 이런 도덕적인 사람이라면 실제 어느 누구도 그 사람을 강제할 수 없고, 본인은 그 어떤 두려움도 없이 당당할 수 있고, 그런 도덕적인 사람의 주변은 그 사람의 영향과 교화로 건강한 사회가 될 수 있다. 당연히 본인도 행복하고 사회도 행복해진다.

맹자의 도덕 행복론의 백미는 인간에게 가장 큰 즐거움을 주는, 즉 가장 큰 행복을 주는 군자삼락 중 두 번째 내용이다. 맹자는 '하늘을 우러러 부끄러움이 없고 사람을 굽어다보아 부끄러움이 없으면 그것이 바로 사람의 두 번째 행복(즐거움)이다'[16]라고 말한다. 부끄러운 일을 하지 않는 사람, 곧 도덕적인 사람이 가장 행복한 사람이라는 것이다.

도덕 행복론의 주창자로 동양에 맹자가 있다면 서양에는 칸트(1724-1804)가 있다. 칸트는 도덕적 행동이 자신을 기쁘게 하며, 인간은 원래 도덕적 본성을 갖추고 있다고 주장한다. '패악을 저지른 자가 그의 범죄에 대한 의식으로 인해 마음의 불안에 시달리는 것으로 생각하기 위해서는, 이미 앞서서 그의 성격의 가장 고귀한 바탕은, 적어도 어느 정도는, 도덕적으로 선하다고 생각해야만 하며, 또한 의무에 맞는 행위에 대한 의식에서 기쁨을 느끼는 자는 애초에 덕성을 가진 자로 생각해야만 한다'[17]라는 내용에서다.

맹자가 '사람에게는 배우지 않고도 선한 행동을 할 수 있는 양능良能이라는 것이 있고, 생각하지 않아도 선한 것과 악한 것을 분간할 수 있는 양지良知라는 것이 있다'[18]라고 말했는데, 칸트도 마찬가지로 인간에게는 맹자의 양지·양능과 같은 '도덕적 본성'이 있다고 말하고 있다. 그리고 이런 도덕적 본성에 따라 선한 행동, 즉 도덕적 행동을 할 때 인간은 기쁨을 느끼고 반대로 악한 행동을 할 때는 불안에 시달린다는 것이다. 도덕적 행동이 사람을 '행복'하게 한다는 이야기다.

도덕적 행동을 할 때 마음의 평온과 행복을 느낄 수 있다는 것은 사실 굳이 맹자나 칸트의 지혜까지 빌리지 않아도 우리가 일상에서 늘 경험하고 있는 일이다. 다른 사람이 알든 모르든 자신이 지은 죄가 없을 때 갑자기 눈앞에 경찰이 나타나더라도 우리는 아무런 감정의 동요 없이 무심히 가던 길을 가고, 평소 직장에서 규정을 잘 지키면서 일을 처리했을 때 갑자기 외부 감사가 나와도 평소와 다름없이 담담하게 감사에 응하고, 밤을 새워 친구들과 술을 마시고 새벽녘에 귀가하더라도 도덕적으로 자신의 행동이 정당하면 배우자의 의심에 목소리 높이는 일 없이 평온하게 대응한다.

도덕 행복론은 '옳은 행위', '바른 행위'를 하는 데 자기 삶의 의미와 가치를 크게 두는, 한마디로 '도덕'을 자신의 '행복가치Happiness Value'로 삼는 행복론이다. '옳은 행위', '바른 행위'의 가장 일반적·구체적 형태는 다른 사람을 돕는 이타적 행위다. 이타적 도덕 행위는 그 정도에 따라 세 단계로 나눌 수 있다. 바로 준법 단계, 소극적 이타 단계 그리고 적극적 이타 단계다.

사회에서 사람이 지켜야 할 행동원칙은 강제성 여부에 따라 크게 강제적 영역과 자율적 영역으로 나뉜다. 강제적 영역은 법 영역이고 자율적 영역은 도덕 영역이다. 강제적 영역과 자율적 영역의 경계, 즉 법과 도덕의 경계는 일단 그 사회를 구성하는 사람들의 합의로 정해지는데 그 합의의 수준은 민도에 따라 달라진다. 민도가 낮으면 도덕 영역에 속한 행동원칙들은 줄어들고 법 영역의 행동원칙들은 확대되며, 반대로 민도가 높으면 강제적 영역인 법 영역의 행동원칙들은 줄어들고 자율적 영역인 도덕 영역의 행동원칙들은 늘어난다.

예를 들어, 길거리 흡연의 경우 민도가 높은 사회에서는 자율적 영역인 도덕 영역에 해당되겠지만, 민도가 낮은 사회에서는 우리나라 도시의 일부 거리에서처럼 강제적 영역인 법 영역으로 넘어간다. 길거리 흡연이 일으키는 사회적 반反 행복이 길거리 흡연을 법으로 규제함으로써 훼손되는 인간의 이성적 자율성의 가치보다 크다고 판단했기 때문이다. 이웃 간의 층간소음이나 자녀의 노부모 부양과 같은 문제들이 자율적 영역에서 강제적 영역인 법 테두리 내로 옮겨가는 것도 길거리 흡연의 규제와 같은 맥락이다.

준법 단계는 사람의 행동원칙에 있어 강제적 영역에 해당된다. 따라서 논리적으로 따지면, 자율적 영역인 '도덕'에 해당되지 않는다. 그러나 법이 존재하긴 하지만 그 법이 법 존재를 무시할 힘이 없는 사람들에 의해서만 지켜지는 사회에서는 준법 단계도 도덕 영역에 넣을 수 있다. 왜냐하면 그런 환경에서는 이타적 행동은 고사하고 법만 지켜도 사회가 그 사람을 매우 도덕적인 사람으로 여기고, 또 본인도 스스로를 도덕적이라고 생각하기 때문이다.

두 번째의, 소극적 이타 단계는 자신의 이익을 별로 희생시키지 않는 범위 내에서 법에서 정하고 있는 강제 영역을 초과해 이타적 행위를 하는 단계다. 친절한 말과 배려하는 행동, 역지사지易地思之에 바탕한 합리적 행동, 돈이나 영향력이 아닌 도덕성을 기준으로 사람의 가치를 평가하고 그에 따라 사람들을 대접하는 행위와 같은 것들이다.

적극적 이타 단계는 자신의 의지로 자신의 이익을 희생시켜 가면서까지 남을 위해 이타적 행위를 하는 단계다. 자신의 소중한 시간과 노력을 다른 사람을 위해 쓰는 행위, 자신의 부와 영향력을 키울 수 있는 능력을 자신의 부와 영향력 확대에 쓰지 않고 다른 사람들 및 사회의 행복을 위해 사용하는 행위, 재산을 기부하는 행위와 같은 것들이다.

대다수 사람들의 도덕 수준이 준법 단계인 사회에서는 각자가 자신이 노력한 만큼의 행복을 누린다. 다른 사람들이 나의 행복 추구에 도움을 주는 일은 없지만 마찬가지로 훼방 놓는 일도 없기 때문이다. 물론 준법 단계에 이르지 못한 도덕 수준의 사회에서는 내가 노력한 만큼의 행복을 누릴 수가 없다. 내가 법을 준수하더라도 다른 이들이 법을 준수하지 않음으로써 내가 지불한 고통(노력 또는 의무)에 비해 더 적은 쾌락(향유 또는 권리)을 갖게 되기 때문이다. 법을 지키는 사람만 손해 보는 사회가 여기에 해당된다.

소극적 이타 단계의 사회에서는 자신이 한 노력 그 이상의 행복을 누린다. 각자가 자신의 행복을 별로 희생시키지 않은 범위 내에서 상호 이타적 행위를 함으로써 서로의 쾌락(향유 또는 권리)이 고통(노력 또는 의무)보다 커졌기 때문이다. 민도가 높은 사회에서 상호간의 친절한 말 한마디, 상냥한 인사가 사회 전체의 행복도를 올리는 것이 여기에 해당된다.

사회 구성원이 적극적 이타 단계에 이르면 그 사회는 말할 것도 없이 천국이 된다. 각자의 적극적 이타 행위로 그 사회 모든 사람들의 쾌락(향유 또는 권리)이 고통(노력 또는 의무)을 크게 초과하기 때문이다. 사실 이런 사회는 우리들의 상상을 넘어선다.

한 개인이 도덕 행복론을 자신의 행복론으로 선택한다면 그 수준은 세 번째 단계인 적극적 이타 단계에 가까워야 할 것이다. 두 번째 단계인 소극적 이타 단계는 사실 교양과 합리적인 사고만 갖추어도 어느 정도 가능한 행위들이기 때문이다. 적극적 이타 단계의 도덕 행복론 선택은 사회의 성숙도와 비례하기도 한다. 민도가 높아지면서 익명 또는 실명으로 자기 재산을 기부하는 이들, 자신의 능력과 시간의 일정 부분을 소외된 이웃을 위한 봉사활동이나 지역사회 발전을 위한 사회운동에 쓰는 이들, 아예 활동비 정도만 받으면서 NGONon-- Governmental Organization나 NPONon Profit Organization 활동을 직업으로 삼는 이들이 늘어난다.

맹자는 사람을 행복하게 하는 세 가지 즐거움을, '부모가 함께 생존해 있고 형제들이 무탈한 것', '하늘을 우러러 부끄러움이 없고 사람을 굽어다보아 부끄러움이 없는 것', '천하의 영재를 모아 가르치는 것'[19]이라고 했다. 이 중 환경과 상관없이 자신의 의지만으로 할 수 있는 것은 '하늘을 우러러 부끄러움이 없고 사람을 굽어다보아 부끄러움이 없는 것' 하나밖에 없다. 나머지 둘은 모두 내가 통제할 수 없다. 상황의 도움이 있어야 한다. 다시 말해, 맹자를 따를 때 인간이 '스스로의 행위'로 '자신을 행복하게' 할 수 있는 방법은, 도덕 행복론이 유일하다.

> 하늘을 우러러 부끄러움이 없고 사람을 굽어다보아 부끄러움이 없으면 그것이 바로 사람의 두 번째 행복(즐거움)이다.
> —맹자

❥ 옳은 일과 나의 이기심 사이에서 자꾸 서성인다면?
— 도덕 행복론의 한계

도덕 행복론은 특정 행복론이기에 앞서 사실 어느 정도까지는 사회적 존재인 인간에게 당위적이다. 사람들이 도덕적이지 않으면 행복은 고사하고 사회 자체가 제대로 굴러갈 수 없기 때문이다. 물론 사회가 유지되는 데 과연 어느 정도의 도덕이 요구되고, 또 그 도덕 수준에서 어느 정도까지를 강제적 영역인 법에 편입시킬 것인가 하는 문제가 남긴 한다.

사회적으로 당위적인 도덕에 대해 사람들의 입장은 사실 확고하지 않다. 당위와 현실 사이에서 서성거리기도 하고, 말과 행동의 불일치 또는 드러내고 감추는 교묘한 이중 플레이 속에서 타인들이 자신의 한쪽 면만을 볼 수 있도록 자신을 위장하기도 한다. 사람들이 '도덕적이어야 한다'고 늘상 말하면서도 자주 도덕적이지 못한 까닭은 바로 인간의 본성인 이기주의 때문이다. 도덕 행복론은 도덕에 대한 사회적 당위성과 인간의 이기주의의 경계에서 그 현실적 한계가 드러난다.

　정치인들의 선행은 흔히 현장 인증 사진과 함께 요란스럽게 언론에 실린다. 표를 의식한 이른바 만천하에 널리 알리기 위한 '기획 선행'이다. 연예인의 '남몰래 한' '선행'은 매우 큰 도덕적 행위다. 선행 자체만 해도 선인데, 관심과 인기를 먹고사는 연예인이 그 선행으로 인한 관심과 인기 확보의 기회를 탐내지 않고 오히려 애써 그 행위를 숨겼으니 그 이상 큰 도덕적 행위가 있을 수 없다.

　그런데 문제는 어느 특정 연예인의 그런 '남몰래 한 선행'이 한두 번도 아니고 수시로 기사화되는 경우다. 그렇게 되면 사람들은 매번 들키고 마는 '남몰래 한 선행'에 대해 의심을 갖게 된다. 기자에게 들키는 것도 한두 번이지 그렇게 선행을 할 때마다 매번 들킬 수는 없기 때문이다. 만에 하나 사람들의 의심대로, 그 '남몰래 한 선행'이 다른 더 큰 이익을 위한 고도의 계획에서 비롯된 것이라면 그것은 드러내놓고 '기획 선행'을 한 정치인의 그것보다 훨씬 더 영악한 장사가 되고 만다. 인기가 아닌 혐오의 대상으로 전락하고 만다. 영악한 의도적 기획으로 한 사회의 대중 전체를 기만한 것이 되기 때문이다. 그것도 ① '선행', ② '남몰래', ③ '누군가 나도 모르게 누설', ④ '이렇게 의도치 않게 알려지게 돼서 부끄러워' 등, 2단계, 3단계, 아니 다단계로 대중을 농락한 행위이기 때문이다.

칸트는 도덕적 행위에는 다른 목적이 있어서는 안 된다고 했다. 즉 그것이 '옳으니까 할 뿐이지' 어떤 다른 목적을 위한 수단으로 도덕적 행위를 해서는 안 된다고 했다. 맹자도 마찬가지로 말한다. 어린아이가 우물가로 기어 들어가려 할 때 달려가 그 아이를 위험으로부터 구해냈다면 그것은 그 아이를 위험에서 구해야 한다는 선한 마음에서 비롯된 '선한 행동' 자체를 목적으로 할 뿐이지, 그 아이를 구해 동네사람들로부터 칭송을 듣거나 그 아이의 부모로부터 사례를 받거나 하기 위한 것이 아니라는 것이다. 칭송이나 사례를 기대하고 아이를 구했다면 그것은 자신의 이익을 위한 장사일 뿐이고, 장사는 도덕이나 선이 아닌 그냥 '거래'일 뿐이다. 혹시 도덕적 행위를 하면서 무엇인가를 기대해도 좋다면, 즉 도덕을 수단으로 어떤 다른 목적을 가질 수 있다면 거기에는 오로지 인간의 궁극적 지향점인 '행복'만이 있을 수 있을 뿐이다. 그러나 엄밀히 말해 행복은 인간의 '궁극적' 목적인 만큼 목적이라기보다는 그냥 기본적인 붙박이 '전제'다. 인간의 모든 행위에는 의식하든 의식하지 않든 언제나 행복이 '전제'되어 있다.

따라서 도덕 행복론을 추구하는 데 있어 첫 번째 경계해야 할 것은 도덕적 행위가 언제나 수단이 아닌 목적 자체가 되어야 한다는 것이다. 그렇게 행동하는 것이 선하기 때문에, 도덕적이기 때문에 하는 것이지 그 외 다른 목적이 있어서는 안 된다는 것이다. 도덕적 행위가 다른 목적을 위한 수단이 되는 순간 그것은 보통의 장사보다 훨씬 영악한 장사가 될 뿐 더 이상 도덕적 행위가 될 수 없다. 단순히 물건을 파는 것이 아닌 사람들을 착각에 빠트려 기만까지 하는, 그리고 거기에서 얻어지는 자신에 대한 긍정적 이미지를 현실의 실리와 바꿔 큰 폭리를 취하려는 장사가 된다. 따라서 수단으로써 도덕을 활용하는 행위는 도덕 행복론이 아닐 뿐만 아니라 도덕에서 가장 멀리 떨어진 행동이다.

두 번째로 고려해야 할 것은 도덕적 행동은 권장할 수 있을 뿐 강요되어서는 안 된다는 것이다. 재능기부가 유행이다. 공익과 전혀 상관이 없는 곳으로부터도 가끔 재능기부 요청을 받는다. 요청의 근거는 '좋은 일이니까 하라'는 것이다. 상대방의 논리대로라면 요청을 받아들이면 '좋은 일을 한 것'이고, 거절하면 '좋은 일을 거절한 나쁜 행위'가 되고 만다. 어떤 부도덕한 행위도 한 것이 없는데 몇 마디 대화에 졸지에 '나쁜 사람'이 되는 수가 있다.

도심의 사람 왕래가 많은 곳에서 '설문조사 요청'을 받을 때가 있다. 질문을 따라가다 보면 마지막 언저리에 도덕성 비슷한 것을 테스트 당하는 듯한⑺ 내용이 나온다. 대부분 별 생각 없이 보편적으로 선한 사회적 윤리의식에 바탕해 체크를 한다. 그리고 다음 페이지로 넘어가는 순간 당황한다. 거기에는 후원금 자동이체 양식이 기다리고 있다. 양식에 사인을 하지 않으면 졸지에 위선자가 될 판이다. 그렇다고 사인을 하자니 기분이 산뜻하지 않다.

강요된 도덕은 도덕이 아니다. 사회적으로 강요된 '법'이든 개별적으로 강요된 '강제'든 자율적인 것이 아닌 강제적인 것은 도덕적 행위가 될 수 없다. 도덕은 선한 행위이고 그 선한 행위는 행위자에게 자긍심을 남기는데, 행위와 자긍심을 이어주는 것이 바로 '자율성'이다. 그리고 명시적 강요는 강요에서 그치지만 은근한 강요는 상대방에게 '자기 혐오'까지 유발한다. 행동의 강제일 뿐만 아니라, 인간의 본능적 이기주의와 일반적 인식 간의 보편적 괴리를 파고들어 양심의 가책까지 인질 삼는 행위다. 물론 은근한 강요든 명시적 강요든 중요한 것은 본인의 판단이다. 어떤 상황에서든 '무엇이 옳은가?'를 주체적으로 판단하여 자신의 행동을 결정하고, 그 행동에 대해 자긍심을 느끼든 하면 된다. 그러나 현실에서 주변 상황에 영향을 전혀 받지 않고 주체적으로 의사결정하기가 생각보다 쉽지 않다. 찰나의 순간이지만 강요된 죄의식과 자기 혐오 사이에서 번민한다.

외부로부터 강요된 도덕은 도덕이 아니듯이 외부로 드러내는 도덕 역시 엄격한 의미에서는 도덕이 아니다. 도덕적 행위로부터 사람들이 얻는 것은 자긍심自矜心이다. 스스로를 자랑스러워하는 마음이다. 스스로를 자랑스러워하는 마음은 타인을 능가한 것에 대한 것이 아니다. 자신이 자신의 이기주의를 이겨낸 것에 대한, 즉 희생을 감수하면서 옳은 행동을 하거나 이타적 행동을 한 것에 대한 스스로에 대한 칭찬이다. 따라서 자신의 도덕적 행위를 자신을 돋보이게 하는 선전수단으로 삼거나 다른 사람과 비교해 도덕적 우월감을 갖게 되면, 그 도덕적 행위는 목적 아닌 수단으로 전락되고 앞 경우와 마찬가지로 장사가 되거나 심할 경우 폭력이 되기도 한다. 《성경》에서의 '자선을 베풀 때에는 위선자들이 칭찬을 받으려고 회당과 거리에서 하듯이 스스로 나팔을 불지 말라. 나는 분명히 말한다. 그들은 이미 받을 상을 다 받았다. 자선을 베풀 때에는 오른손이 하는 일을 왼손이 모르게 하여 그 자선을 숨겨두어라. 그러면 숨은 일도 보시는 네 아버지께서 갚아주실 것이다[20]라는 말이나, 불교에서 말하는 자신이 한 보시布施에 대해 곧바로 마음에서 지우지 않고 남겨두면 복이 모두 빠져나가고 만다는 유루복有漏福과 같은 것은 바로 이런 의미다.

헌법 제19조에 '모든 국민은 양심의 자유를 가진다'라고 말하고 있다. 여기에서의 양심의 자유는 다름 아니다. '양심결정의 자유'와 '침묵의 자유'다. '양심결정의 자유'는 '자신의 윤리적·논리적 판단에 따라 사물의 옳고 그름을 판단하는 자유'를 의미한다. 그리고 '침묵의 자유'란 '자신의 주관적 가치판단에 따라 결정된 양심이나 사상을 외부에 표명하도록 강제받지 아니할 자유[21]를 의미한다. 도덕적 판단에 대해 명시적이든 은근한 방식이든 강요는 정당하지 않고, 선택을 밖으로 밝히도록 하는 것 역시 정당하지 않다.

세 번째로 생각해보아야 할 것은, 도덕 행복론에서 '옳은 행동'을 한다고 할 때, 그 '옳음'의 기준이 무엇이냐 하는 것이다. 맹자는 배우지 않고 생각해보지 않아도 선한 행동을 알 수 있고 또 할 수 있다는 개념의 양지·양능良知·良能을 이야기하고, 칸트는 '너의 의지의 준칙이 항상 동시에 보편적 법칙 수립의 원리로서 타당할 수 있도록, 그렇게 행위하라'[22], '너 자신의 인격에서나 다른 모든 사람의 인격에서 인간을 항상 동시에 목적으로 대하고, 결코 한낱 수단으로 대하지 않도록, 그렇게 행위하라'[23]라고 말한다. '옳음'의 근거를 이야기했지만, 맹자와 칸트 두 사람 모두 사실 원칙론적일 뿐이다. 구체적인 현실로 들어가면 한계가 있다.

맹자의 말처럼 물에 빠지려는 아이를 구하는 것과 같은 행위는 배우지 않고 생각해보지 않아도 누구나 알 수 있고, 또 할 수 있는 '옳은 일'이다. 그러나 '적선을 베푸는 것이 반드시 옳은 일인가?'와 같은 도발적인 질문에 직면하면 그 답은 그리 간단치 않을 수 있다. 도움을 주는 행위 자체는 옳지만 그 도움을 주는 행위가 상대로 하여금 타인에 의지하려는 마음과 자기 연민만을 키우는 경우라면 그것은 궁극적으로 옳지 않은 행위가 될 수도 있기 때문이다.

칸트의 자신과 타인과의 관계에 대한 균형적인 인식이나, 인간에 대한 수단으로서의 인식 지양 원칙에 있어서도 마찬가지다. 원칙에 대해서는 동의하지만, 현실에서 도덕 수준이 매우 낮은 사람을 대할 경우 이때도 서로간의 관계를 균형적으로 인식하고 또 상대방의 인격을 존중해야 하는가에 대한 의문이 들 수 있다. 자신 개인에 대한 손익 여부를 차치하더라도 이런 사람을 균형적으로 인식하고 존중하는 것이 과연 사회적 정의냐, 옳은 일이냐에 대한 의문이다. 원칙론과 현실론 간의 괴리가 크면 도덕 행복론은 행복론으로서 현실에서 어느 정도 한계를 지닐 수밖에 없게 된다.

인간은 도덕적 행위 앞에 갈등할 수밖에 없다. A. 로댕(1840-1917)의 작품 '칼레의 시민'은 공동체를 위해 자신의 목숨을 내놓은 이들의 고뇌하는 모습을 매우 사실적으로 표현하고 있다. 칼레의 다른 시민들을 위해 스스로 자신의 목숨을 내놓겠다고 나선 이들의 모습이 결코 거룩한 영웅의 모습일 수만은 없다. 자기 희생을 앞두고 마지막 순간까지 고민하고 갈등하고 괴로워하는 것이 인간의 본질이다.

그러기에 《맹자》에서는 호연지기浩然之氣의 전제로 '자신을 이겨내야 한다'는 극기克己를 이야기하고 있고, 칸트는 '언제든 인간이 놓일 수 있는 도덕적 상태는 덕, 다시 말해 투쟁 중에 있는 도덕적 마음씨이지, 의지가 온전히 순수한 마음씨를 소유하고 있다고 잘못 생각된 신성성이 아니다'[24]라고 말하고 있다. 도덕적 행위를 실행에 옮기기가 쉽지 않고, 아울러 도덕 행복론을 자신의 행복론으로 선택하고 실천해나가는 것이 인간으로서 얼마나 고귀한 일인가를 말하고 있다.

언제든 인간이 놓일 수 있는 도덕적 상태는 덕, 다시 말해 투쟁 중에 있는 도덕적 마음씨이지, 의지가 온전히 순수한 마음씨를 소유하고 있다고 잘못 생각된 신성성이 아니다.
-칸트

평생토록 책 읽고 글 쓰며
공부만 할 수 있다면 얼마나 좋을까!

이성 행복론

♪ 이성이 빛날 때가 가장 인간다운 순간

　_ 이성 행복론의 의미

솔로몬은 왕위에 오른 뒤 산당에 번제물을 천 마리나 바친 후
신이 꿈속에 나타나 소원을 묻자, '소인에게 명석한 머리를 주시
어 당신의 백성을 다스릴 수 있고 흑백을 잘 가려낼 수 있게 해
주십시오[25]라고 청한다. 결과적으로 부귀와 명예까지 덤으로
선물 받긴 했지만 그가 신에게 요청한 것은 '부귀'·'명예'가 아닌
'지혜'였다.

　솔로몬이 지혜를 신에게 요청한 이유는 다름이 아니다. 《성
경》의 다른 곳에서 '지혜를 네 신부로 삼고 슬기를 네 애인이라

불러라[26], '지혜를 위하여 몸 바쳐 일하는 사
람은 얼마나 행복하며, 자기 마음에 지혜를
간직하여 현명하게 된 자는 얼마나 행복한
가!'[27]라고 말하고 있는 것처럼 인간에게 가
장 필요한 것이 바로 '지혜'이고, 이 '지혜'가

소인에게 명석한 머리를
주시어 당신의 백성을
다스릴 수 있고 흑백을 잘
가려낼 수 있게 해주십시오.
─솔로몬

솔로몬 자신을 가장 '행복'하게 해줄 것으로 믿었기 때문이다.

맹자는 양나라 혜왕의 '현자도 기러기와 사슴을 보는 것을 즐
깁니까?'라는 질문에, '현자가 되고 난 다음에야 그것들을 즐길
수 있습니다. 현자가 아니면 설사 기러기와 사슴을 가지고 있다
할지라도 그것들을 제대로 즐길 수가 없습니다'[28]라고 대답한
다. '지혜'로운 자가 아니면 즐길 만한 것을 소유하고 있다 할지
라도 진정으로 즐길 수가 없다는 이야기다.

다른 피조물과 구분되는 인간만의 본질은 '이성'이다. 등산 중
바닥에 앉을 때 모자를 깔개 대신으로 사용할 수도 있지만 역시
햇빛 차단이나 추위로부터 머리 보호를 위해 쓸 때 모자가 모자
일 수 있듯이, 인간 역시 다른 동물들처럼 감각적·즉흥적으로
행동하기도 하지만 합리적·종합적으로 생각하고 행동할 때 진
정한 인간이라 할 수 있다. 즉 '이성'을 활용하여 지혜를 추구하
고 지혜롭게 행동할 때 비로소 '인간'으로서 '행복'할 수 있다.

이성 행복론은 《성경》과 《맹자》에서처럼 지혜롭고 현명한

'이성'적인 삶을 삶으로써 '행복'을 추구하는 행복론, 즉 '이성'을 자신의 '행복가치Happiness Value'로 삼는 행복론이다. 지혜롭고 현명한 이성적인 삶은 두 방향으로 이루어진다. 행복 계획을 지혜롭고 현명하게 '이성'적으로 세우는 것과, 살아 깨어 있는 동안 대부분의 시간과 에너지를 들이는 자신의 직업 자체를 '이성'의 구체적 형태인 지혜·지식과 연관시키는 것이다.

먼저 행복 계획을 지혜롭고 현명하게 이성적으로 세운다는 것은 '인생 전체'를 기준으로 '생애행복총량Total Quantity of Life-time Happiness'의 극대화를 꾀하는 것을 말한다. 생애행복총량을 극대화하기 위해서는 수명을 적절히 예상하고, 노력(고통)과 향유(쾌락) 사이의 균형을 잡고, 자신에게 소중한 것과 소중하지 않은 것의 구분을 분명히 해야 한다.

'인생은 한 번뿐이다YOLO: You Only Live Once'라는 모토 하에 쾌락은 앞당기고 고통은 미루고 살았는데 뜻하지 않게(?) 장수하게 되어 빈곤 속에서 고통스런 노후를 보내게 되어서도 안 되고, '언젠가 세계여행도 마음껏 하면서 즐기고 살아야지' 하면서 고통은 앞당기고 쾌락은 보류하고 살았는데 어느 날 갑자기 몸이 망가져 죽을 때까지 평생 침대 신세를 지는 그런 일이 있어서도 안 된다. 또 많은 사람들이 선택한 길이라 해서 덩달아 그 길을 따라가거나, 많은 사람들이 떠받든다 해서 그들의 입방아와 시

선을 의식해 허상을 좇는 그런 타인의 삶을 사는 일이 있어서도
안 된다.

　도가사상의 선구자인 양주(楊朱, BC440?–BC360?)는 '물질을 가벼
이 여기고 자신의 목숨을 소중히 하라'(輕物重生경물중생)라고 주장
한다. 양주가 물질을 가벼이 여기라는 것은 물질 자체를 가치 없
는 것으로 여겨 그러는 것이 아니다. 물질에 너무 집착하다 보면
자신의 몸과 정신을 망가뜨려 오래 살 수 없게 되기 때문이다.
그렇게 되면 인생 전체의 행복총량은 오히려 줄어들게 된다.

* 생애행복총량(Total Quantity of Life-time Happiness) = 수명x쾌락

　양주에 따르면 한 사람의 생애행복총량은 위와 같이 '수명'과
6가지의 즐거움, 즉 좋은 소리(聲성), 좋은 색(色색), 좋은 옷(衣의),
좋은 향(香향), 좋은 맛(味미), 좋은 집(室실)과 같은 '쾌락'을 곱해 산
출되는데, '쾌락'은 그냥 원한다고 해서 생기는 것이 아니라 일
의 '고통'을 통해 마련된다. '쾌락'을 크게 하려다 보면 지나치게
일을 많이 해 '수명'이 줄어들 수 있고, '수명'을 늘리기 위해 일하
는 고통을 줄이다 보면 '쾌락'할 것이 줄어든다. 따라서 양주의
경물중생輕物重生의 현실적 의미는 생애행복총량이 최대가 되도

록 일하는 고통의 양을 합리적·종합적으로 따져서 잘 조절하라는 이야기다.

일로부터의 고통의 양을 조절하는 것은 두 가지로 이루어질 수 있다. 하루 단위로 일(고통)과 휴식(쾌락)의 시간을 균형 있게 조절하는 것과, 평생을 기준으로 돈 버는 데 집중하는 시기(고통)와 인생을 즐기는 시기(쾌락)를 구분하는 것이다. 건강을 해치지 않는 범위 내에서 수입을 극대화하면서 매일매일의 일 양을 조절할 필요가 있고, 365일 내내 쉬는 날 없이 일하는 자영업과 같은 경우 언제까지 돈을 버는 데 모든 것을 다 쏟아붓고(고통), 그리고 언제부터는 쉬면서 인생을 즐길 것인가(쾌락)를 계획할 필요가 있다.

그리고 이런 고통과 쾌락의 시간적 균형 조절과 함께 이성 행복론의 행복 계획에서 추가적으로 고려해야 할 것이, 여러 가지 쾌락들 중 자신이 취할 것과 버려야 할 것을 구분하는 작업이다. 이때 제일 먼저 해야 할 것이 자신에 대한 주변의 평가를 의식해 추구하고 있는 쾌락을 자신의 쾌락 목록에서 제거하는 것이다. 고급스런 취미를 가져야 자신의 사회적 지위가 높아진다는 생각에서 비용이 부담되면서도 고수하고 있는 취미, 자신의 물질적·정신적 수준 또는 능력을 실제보다 높이 보이게 하기 위해 무리해서 명품으로, 내실없는 간판으로 자신을 포장하는 것, 건강을 위한 음식 또는 휴식을 위한 여행이 아닌 SNS 생중계를 위한 음식과 여행 등이 이런 목록에 해당될 수 있다. 다른 사람들이 나에 대해 실제 그렇게 관심이 많은지에 대한 확인 없이 지레 저 혼자 주위를 의식해 분수에 넘치게 돈을 쓰는 것은 나 스스로 그 사람들의 자발적인 노예가 되는 것이다. 돈은 돈대로 쓰면서 자유는 자유대로 줄어든다.

다음으로는 자신을 진짜 행복하게 할 쾌락들의 우선순위를 정하는 것이다. 지금 이 순간만이 아닌 100년의 삶 동안 자신을 가장 행복하게 할 쾌락들이 무엇인지 합리적·종합적으로 따져 보는 것이다. 이렇게 여러 가지 쾌락 중 소중하지 않은 것들, 허상의 것들을 덜어내고 자신을 진정으로 행복하게 할 쾌락들의 우선순위를 정하게 되면 쓸데없는 쾌락에 들어갈 돈이 줄어든 만큼 이 돈을 벌기 위한 일하는 '고통'도 줄어든다. 일하는 고통이 줄어들면 수명은 늘어난다. 결과적으로 '실질적인' '쾌락'은 줄어들지 않으면서 '수명'이 늘어나면 당연히 생애행복총량은 늘어난다. 이성 행복론의 승리다.

서양의 에피쿠로스학파는 쾌락을 추구하긴 하는데 육체적·물질적 쾌락이 아닌 정신적 쾌락Ataraxia를 추구한다. 에피쿠로스학파 역시 도가의 양주와 같이 '이성'적으로 행복을 추구한다. 우리가 갖는 '쾌락'은 결국 일하는 육체적 '고통'으로부터 나온다. 즉 10만 원짜리 랍스터(쾌락)를 즐기기 위해서는 먼저 노동(고통)을 해 10만 원을 벌어야 한다. 이렇게 되면 랍스터를 먹는 '쾌락'과 노동을 하는 '고통'이 상쇄되어 우리에게 남은 '+쾌락', 즉 '행복'은 별것 없게 된다.

그래서 에피쿠로스학파에서는 간소한 생활을 할 것과 정신적 쾌락인 아타락시아를 추구할 것을 권한다. 물질적 욕구를 최소한의 의식주 수준에서 멈춤으로써 물질을 얻기 위한 노동의 고통을 줄이고, 아울러 노동의 고통과 비례 관계인 물질적 쾌락 대신 정신적 쾌락을 추구한다. 10만 원을 벌어 10만 원짜리 랍스터를 먹으면 10만 원을 버는 '고통'과 10만 원짜리 랍스터를 먹는 '쾌락'이 상쇄되겠지만, 10만 원을 벌어 그 돈으로 자신에게 필요한 책을 사서 읽으면 10만 원을 버는 고통은 그대로겠지만 10만 원의 책이 주는 정신적 '쾌락'은 랍스터가 주는 물질적 '쾌락'을 훨씬 넘어설 수 있다. 책 내용 자체가 사람을 무한대로 행복하게 할 수도 있고, 돈을 더 쉽게 잘 벌 수 있는 방법을 말해줄 수도 있고, 수천 년간 수많은 사람들에 의해 이루어진 다양한 삶을 간접 경험하게 할 수도 있다.

이런 이유로 에피쿠로스학파는 사람들에게 물질적·육체적 쾌락이 아닌 정신적 쾌락을 권한다. 정신적 쾌락 추구에 간소한 생활까지 더해지면 쾌락은 무한대로 추구할 수 있으면서 고통은 감소된다. 따라서 쾌락에서 고통을 뺀 '순 쾌락' 역시 무한대로 커질 수 있다.

'이성'의 구체적 형태인 지식·지혜를 자신의 직업과 연관시킨다는 것은 지식·지혜와 관련이 깊은 일을 자신의 직업으로 선택하는 것을 말한다. 사람들은 깨어 있는 동안 대부분의 시간과 에너지를 직업상의 자신의 일을 하는 데 투입한다. 그리고 시간이 지날수록 직업은 단순히 직업이 아닌 그 사람 자신이 되어간다. 맹자가 '화살 만드는 사람이 갑옷 만드는 이보다 어찌 어질지 않을까마는 화살 만드는 사람은 오로지 사람을 상하지 못하게 하면 어쩔까만 걱정하고 갑옷 만드는 이는 오로지 사람을 다치게 하면 어쩔까를 걱정하니, 무당이나 관을 짜는 목수도 이와 마찬가지다. 이런 이유로 직업 선택은 신중히 하지 않으면 안 된다'[29]라고 말한 것처럼, 직업이 그 사람이 되어가는 것이다.

따라서 '이성'적 삶이 자신을 행복하게 할 것이라고 생각한다면 그 사람은 지식과 지혜를 다루는 선생님이나 교수, 연구원, 작가와 같은 직업을 선택하는 것이 좋다. 또는 지식·지혜와 관련이 깊은 언론사나 출판사와 같은 곳에서 일하는 것이 좋다. 지식·지혜와 관련된 일을 하는 것은 그 자신을 지식이 풍부한 사람, 지혜로운 사람으로 완성시켜가기도 하지만, 자신이 좋아하고 자신을 행복하게 하는 일을 하는 만큼 일을 하는 과정에서도 다른 사람들에 비해 당연히 높은 성과를 낼 수 있다. 높은 성과를 낸다는 것은 그 상대인 소비자들의 만족도가 높다는 것을 의미한다. 이성 행복론을 선택한 이가 학생들을 가르치면 그 학생들은 정성이 깃들고 충분히 연구되고 준비된 교육을 받게 되고, 이성 행복론을 선택한 이가 기사를 쓰고 책을 만들게 되면 마찬가지로 독자들은 깊이 있는 기사, 충실한 내용의 책을 읽을 수 있게 된다. 개인과 사회 모두 행복도가 올라간다.

고려 최후의 충신 포은 정몽주(1337~1392)는 다음과 같이 노래했다.

> 아침 내내 높이 읊다 또 나직이 웅얼대니(終朝高詠又微吟종조고영우미음)
> 마치 모래를 헤쳐 금을 모아 단련하듯(若似披沙欲練金약사피사욕련금)
> 시 짓느라 비쩍 마른 것을 괴이타 생각말라(莫怪作詩成太瘦막괴작시성태수)
> 단지 좋은 시구 찾기 힘들어 그런 것이니(只緣佳句每難尋지연가구매난심)[30]

좋은 시구를 찾는 데 몸이 마를 정도로 열심이니 그 정신적 쾌락 추구가 천하에 비할 데 없다. 세속적 쾌락으로 은근슬쩍 떠보는 방원(1367~1422)의 하여가何如歌가 비집고 들어갈 틈이 없다.

그 스승의 그 제자일까. 정몽주의 제자인 야은 길재(1353~1419)

는 다음과 같이 노래한다.

> 시냇가 띠 집에 홀로 한가로운데(臨溪茅屋獨閒居임계모옥독한거)
> 달은 밝고 바람 맑아 흥취가 넘치는구나(月白風淸興有餘월백풍청흥유여)
> 찾아오는 손님 없이 산새만 지저귀니(外客不來山鳥語외객불래산조어)
> 대숲으로 책상 옮겨 누워 책이나 볼까(移床竹塢臥看書이상죽오와간서)[31]

　　스승인 정몽주와 마찬가지로 방원의 신왕조 참여 회유를 뿌리치고 은둔을 택한 인물인 만큼, 길재 역시 세속 아닌 정신적 쾌락을 추구하는 모습이다. 맑은 기운 가운데서 책과 대화를 나누는 정신적 쾌락을.

　　이성 행복론은 인간만의 본질인 '이성'을 삶의 중심에 두는 행복론이다. 사자가 그 용맹함을 드러낼 때 사자이고 또 사자로서 '행복'할 수 있듯이, 인간 역시 그 본질인 이성을 최대한 드러냄으로써 인간일 수 있고 또 그럴 때 인간으로서 '행복'할 수 있다. 이성을 추구하는 삶은 행복 자체를 이성적으로 추구하는 것 그리고 자신의 이성 활용도를 높이는 것 둘 다를 포함한다.

‿행복은 성적순이 아니잖아요!
_ 이성 행복론의 한계

순자는 '학문을 좋아하는 마음이 극치에 이르면 눈은 다섯 가지 색을 보듯 즐겁고 귀는 다섯 가지 소리를 듣듯 즐겁고 입은 다섯 가지 맛을 즐기듯 즐겁고 마음은 천하를 얻은 듯 만족스럽다. 이렇게 되면 어떤 권력도 그를 한쪽으로 기울게 할 수 없고 수많은 사람의 힘으로도 그의 마음을 바꿀 수 없으며 천하를 가지고도 그를 흔들 수가 없다'[32]라고 말한다. '이성'은 생각과 공부를 통해서 이루어진다. 그 결과는 다름 아닌 수처작주隨處作主다. '언제 어느 곳에 있으나 자신이 주인이 되는 것'이다. 바로 스스로 자신의 삶의 주인공이 되는 것이다.

순자가 말한 것처럼 지식과 지혜를 통해 자신의 '이성'을 갈고 닦다 보면 스스로 권력에 의해, 다중에 의해 또는 그 어떤 다른 것에 의해서도 흔들리지 않는 우주의 중심이 된다. 당연히 행복할 수밖에 없다. 그러나 이성 행복론 역시 그 추구에 있어 한계가 있다. 바로 본인에 있어서의 한계, 그리고 사회에 있어서의 한계다.

첫 번째, 본인에 있어서의 한계다. 이성을, 지혜를 추구하는

사람은 많지 않다. 인간의 행동은 '감성'
과 '이성' 두 가지 원천에 의해 이루어진
다. 플라톤이 '사람의 마음에는 좋은 것
과 좋지 않은 것이 있는데, 좋은 것이 좋
지 않은 것을 통제하게 되면 우리는 스스
로 자신의 주인이라 할 수 있다. 그러나
잘못된 양육 또는 나쁜 친구로 인해 좋은
것이 좋지 않은 것들에 의해 압도당하게

> 학문을 좋아하는 마음이 극치에
> 이르면 눈은 다섯 가지 색을 보듯
> 즐겁고 귀는 다섯 가지 소리를
> 듣듯 즐겁고 입은 다섯 가지 맛을
> 즐기듯 즐겁고 마음은 천하를
> 얻은 듯 만족스럽다.
> 이렇게 되면 어떤 권력도 그를
> 한쪽으로 기울게 할 수 없고
> 수많은 사람의 힘으로도 그의
> 마음을 바꿀 수 없으며 천하를
> 가지고도 그를 흔들 수가 없다.
> ─순자

되면 우리는 그 사람을 자기 통제력이 부족한 사람이라 비난한
다.'[33]라고 말한다.

맹자는 '대체를 따르면 대인이 되고 소체를 따르면 소인이 된
다.'[34]라고 말하고, 그렇게 갈라지는 이유에 대해 공도자가 묻자,
'귀와 눈과 같은 감각기관은 생각하는 기능이 없어 물질에 가려
지니, 물질과 물질이 만나게 되면 곧바로 영향을 받게 된다. 그
러나 마음과 같은 이성기관은 생각하는 기능이 있어 생각을 하
게 되면 얻는 바가 있고 생각을 하지 않으면 얻는 바가 없다. 이
것이 바로 하늘이 인간에게만 부여한 것이니, 생각하는 이성 기
능인 마음을 먼저 세우게 되면 감각기관인 귀와 눈은 이성 기능
을 방해할 수 없게 된다. 바로 대인이 되는 길이다'[35]라고 말하고
있다.

인간은 감각에 의지하는 '감성'과 사고에 의존하는 '이성' 두 가지 원천에 의해 행동에 나선다. 그런데 '감성'은 인간이 태어날 때부터 대체적으로 완성된 상태로 주어지지만 '이성'은 외부로부터의 교육과 자신의 후천적 노력에 의해 갈고 닦아진다. 아리스토텔레스(BC384-BC322)는 '사람이 정신과 육체 둘로 나뉘는 것처럼, 우리는 정신이 합리와 불합리 두 영역으로 나뉜다는 것에 주목한다. 합리 영역은 '이성'과 대응하고 불합리 영역은 욕망과 대응한다. 그리고 육체가 정신에 선행하는 것처럼, 불합리는 합리에 선행한다. 이러한 사실은 욕망, 분노 그리고 욕구와 같은 것들이 이제 막 태어난 갓난아이에게서도 발견되지만, 합리와 이성은 사람이 성장해가면서 갖추어져간다는 것을 통해 확인할 수 있다. 따라서 정신에 대한 보살핌에 앞서 육체에 대한 보살핌과 욕망 부분에 대한 훈련이 시작되며, 이때 욕망 부분에 대한 훈련은 바로 '이성'을 위해 그리고 육체 훈련은 정신을 위해 이루어져야 한다[36]라고 말한다.

사람의 마음에는 좋은 것과 좋지 않은 것이 있는데, 좋은 것이 좋지 않은 것을 통제하게 되면 우리는 스스로 자신의 주인이라 할 수 있다. 그러나 잘못된 양육 또는 나쁜 친구로 인해 좋은 것이 좋지 않은 것들에 의해 압도당하게 되면 우리는 그 사람을 자기 통제력이 부족한 사람이라 비난한다.
─플라톤

인간은 육체적으로 성장해가면서 스스로 노력하지 않으면 제대로 된 '이성'을 세울 수 없다. '이성'을 올바르게 세울 수 없으면 이성적 삶을 살 수 없고,

이성적 삶을 살 수 없으면 현실적으로 이성 행복론은 이루어지기 힘들다. 편안함을 추구하는 이기주의와 게으름이 사람들의 이성 행복론을 방해한다.

두 번째, 사회에 있어서의 한계다. 현대사회가 인간의 이성 활용을 방해한다. 자기 철학이 확립되어 있지 않으면 사람들은 그 시대상황이 높이 평가하는 것들을 좇기 마련이다. 현대사회는 사람의 격·품질을 따질 때 더 이상 도덕성 그리고 인간의 이성 활용인 지식·지혜를 우선하지 않는다. 대입시험에서 영어 비중이 높으면 고등학생들이 국어나 수학 등에 관심을 덜 두게 되는 것처럼, 현대인들은 도덕성이나 보편적 지식·지혜 향상에 노력과 시간을 그다지 할애하지 않는다.

현대사회에서 개인들의 가치 형성에 가장 크게 영향을 미치는 것은 언론매체와 국가 교육체계 그리고 종교다. 언론매체는 ICT 기술에 힘입어 24시간 전방위적으로 사람들에게 영향을 미친다. 매체가 어떤 내용을 다룰 것이냐는 전적으로 시청률에 의해 좌우된다. 시청률이 광고료를 결정하고 광고료 수입은 매체의 수익은 물론 궁극적으로 매체의 생존까지 좌우한다. 사실 매체 입장에서도 시청률 지상주의를 벗어날 선택지가 거의 없긴 하다. 그 결과 콘텐츠는 재미와 자극 위주일 수밖에 없고, 재미와 자극은 '이성' 아닌 '감성' 중심의 콘텐츠가 되기 십상이다.

국가 교육체계 역시 언론매체의 협소한 선택지 입장과 크게 다르지 않다. 글로벌 경쟁 환경에서 국가는 더 이상 한 사회공동체의 최고 단위로서 정의실현이라는 고귀한 가치를 주요 목표로 하는 존재로만 남아 있을 수 없다. 그 결과 국가는 '주식회사'가 되어가고 있다. 정의실현은 뒷전으로 밀리고 지금 당장의 국가경쟁력 확보, 자국 기업경쟁력 확보에 모든 자원이 집중된다. 국가 교육체계는 당연히 경제경쟁력 올리기 위주로 짜일 수밖에 없다. 거국적 경제경쟁력 올리기 환경에서 사회적 지향점의 모범답안은 결국 돈이다. 황금만능주의가 더 이상 부정적 의미가 아닌 가치중립적 이데올로기가 되어가고 있다.

종교 역시 상당 부분 본래의 사명인 인간과 사회의 도덕적 순화 역할에서 손놓은 지 오래다. 국가의 기업화처럼 종교도 마찬가지로 주식회사가 되어가고 있다. 경쟁적으로 세 확장을 하는 환경에서 신도의 수, 내부장식의 장려함, 건물의 높이, 헌금액의 규모는 종교지도자들의 주요 관심사이자 믿음의 척도다. 그런 황금의 바벨탑은 급기야 대물림으로까지 이어지고 있다. 주식회사로의 완성이 눈앞이다. 종교도 마찬가지로 이제 더 이상 황금만능주의를 비판하지 않고 또 비판적으로 말할 수도 없다. 앞으로도 성전을 빛나게 할 것은 믿음보다 황금이기 때문이다.

언론매체, 국가 교육체계 그리고 종교 모두 수익성·경쟁력·
헌금, 한마디로 부富를 핵심 가치로 내세우는 상황에서 이성·지
혜가 인간이 추구해야 할 참 가치라 목소리 높이는 것은 공허하
고 고독하다. 사회가 현대인들의 이성·지혜에 대한 접근 자체
를 총체적으로 방해하고 있다.

　'철학'의 영어 표기인 'philosophy'는 그리스어 'philosophia'에
서 유래한다. 그리고 'philo'는 '사랑하다', 'sophia'는 '지혜'라는
뜻으로, 'philosophia'는 '지혜를 사랑한다'라는 의미다. '지혜'는
다름 아닌 인간의 '이성'을 통해서 나온다. 이성 행복론은 결국
철학적인 삶을 사는 것을 말한다. 철학적인 삶을 방해하는 것은
그리고 이성 행복론이 소수의 행복론이 될 수밖에 없는 것은 본
인과 사회 양자의 탓이다. 한편으로 개인 본인이 인간만의 본성
인 이성에 대한 연마를 게을리하고, 다른 한편으로는 코앞에 홍
당무를 걸어 당나귀를 유혹하듯 사회가 사람들의 바로 코앞에
서 돈다발을 흔들며 사람들로 하여금 다른 것들에 관심을 둘 수
없도록 만들고 있다.
　플루타르크는 '큰 집을 지으려면 기초를 튼튼히 다져야 하는
것처럼, 사람들의 행복도 미리 이성을 개발하고 교양을 쌓아두
어야만 하는 것이다'[37]라고 말한다. '이성' 개발은 반드시 이성 행

큰 집을 지으려면 기초를
튼튼히 다져야 하는 것처럼,
사람들의 행복도 미리 이성을
개발하고 교양을
쌓아두어야만 하는 것이다.
─플루타르크

복론 추구가 아닌 다른 행복론 추구일지라
도 필요하다. '이성'이 바로 인간 자체이니까.

종교의 품 안에서
최고의 행복을 얻다

종교 행복론

♪ 가장 스케일 크고 고차원적인 행복론

_ 종교 행복론의 의미

종교 행복론은 종교를 자신의 '행복가치Happiness Value'로 삼는 행복론이다. 즉 신(신이 있는 종교의 경우)을 모시고 종교활동을 하는 것을 자신의 직업으로 선택하거나, 자신의 삶에 있어 신과 종교의 비중을 높이 둠으로써 행복을 느끼는 경우다.

행복의 수단으로 종교를 택한다는 것은 사실 상당히 합리적이다. L. A. 포이어바흐(1804~1872)가 '종교는 근본적으로 실천적인 목적과 이유를 갖는다. 종교가 발생한 동인, 종교의 최후 근거는 행복욕이다. 이러한 충동은 이기적인 것이기 때문에 종교의 동인動因도 이기주의이다[38]라고 말한 것처럼, 종교의 존재 이유가 다름 아닌 인간의 행복에 있고, 행복이 인간의 삶의 궁극적 목적이라 할 때, 종교 행복론은 인간의 이기주의와 궁합이 잘 맞기까지 하다.

인간에게는 여러 가지 두려움이 있다. 굶주림에 대한 두려움부터 시작해 안전이 사라지지 않을까에 대한 두려움, 소외에 대한 두려움, 자신의 삶이 무의미하게 끝나지는 않을까에 대한 두려움 등 다양하다. 그러나 이런 여러 두려움들 중 가장 근본적이고도 피할 수 없는, 또 어느 누구도 예외가 없고 그 누구도 나를 대신할 수 없는 두려움은 다름 아닌 '죽음 자체' 그리고 '죽음 이후의 세계'에 대한 것이다. 굶주림, 불안전, 소외, 무의미한 삶 등에 대한 두려움은 사람에 따라 관계가 없을 수도 있고 또 자신의 노력으로 피해갈 수도 있다. 그렇지만 죽음 그리고 죽음 이후의 세계는 생명을 가진 존재라면 그 누구에게나 확정되어 있는 피할 수 없는 미래다.

L. A. 포이어바흐는 '인간에게 가장 혹독하고 가장 고통스러운 유한감은 그가 한 번은 실제로 종말에 이르고 죽는다는 느낌 또는 의식이다. 인간이 죽지 않고 영원히 산다면, 다시 말해 죽음이 없다면 종교도 없을 것이다' '인간의 무덤이 신의 탄생 장소이다'[39]라고 말한다. 바로 죽음이 있는 곳에 종교가 있고, 삶이

끝나는 곳에서 신의 활동이 시작된다는 이야기다.

　종교 행복론은 죽음 이후를 보장받았다는 확신을 갖게 함으로써 사람들을 행복하게 한다. 죽음 이후 진짜 있을지도 모를 심판과 고통을 미리 신에게 보험을 들어놓음으로써 피할 수 있게 되었다는 확신이, 죽음을 앞둔 순간에 있어서의 평온 유지는 물론 생전 평상시에도 사람의 마음을 평화롭게 한다.

　물론 무신론자들은 신도 부정하고 죽음 이후의 세계도 부정한다. 그러나 중립적인 입장에 서더라도 B. 파스칼(1623~1662)이 주장한 것처럼 종교 행복론은 여전히 유용하다. 파스칼은 신과 사후세계를 믿는 것이 사람들에게 더 이익이 된다는 것을 논리적으로 증명했다. 신을 믿고 종교를 가졌는데 사후세계에 가보니 아무것도 존재하지 않는다면 그것은 그냥 그 상태로 끝날 뿐이지만, 만약 지옥과 천당 그리고 심판이 우리를 기다리고 있다면 신을 믿은 것은 그야말로 천만다행이라는 것이다. 그런데 신을 믿지 않고 종교적인 삶도 살지 않았는데 죽고 나서 보니 아무것도 존재하지 않는다면 다행이지만, 혹시라도 지옥이 유황 불덩이와 바늘 카펫을 준비해놓고 우리를 기다리고 있다면 그것은 큰 낭패라는 것이다. 따라서 신을 믿지

> 종교는 근본적으로 실천적인 목적과 이유를 갖는다. 종교가 발생한 동인, 종교의 최후 근거는 행복욕이다. 이러한 충동은 이기적인 것이기 때문에 종교의 동인(動因)도 이기주의이다.
> ―L.A. 포이어바흐

않는 것보다는 신을 믿는 것이 사람들에게 더 이
익이라는 논리다. 파스칼의 논리로 보면 종교를
갖지 않고 신을 믿지 않는다는 것은 러시안 룰렛
게임과도 비교할 수 없는 매우 위험한 도박이다.

물론 종교 행복론은 죽음 이후만을 위한 행복론이 아니다.
종교 행복론은 살아있는 동안의 삶을 충실하게 만들어 그 사람
을 인간적으로 성숙하게 하고 지혜로운 인간으로 성장하는 데
도움을 주기도 한다. 신의 가르침이나 성인의 모범에 항상 접속
되어 있음으로써 시간이 지나면서 자신이 바로 큰 바위 얼굴이
되어간다. 물질 이상의 것을 추구하고 현세 넘어서의 세계까지
생각함으로써 언제나 당장의 현실에서 한 발짝 떨어져 세상을
관조할 수 있고 그 결과는 당연히 좀 더 지혜로운 생각과 좀 더
지혜로운 행동이다.

종교 행복론은 사회적 행복 증진에도 도움이 된다. 현대사회
는 대부분의 만남이 이익사회Gesellschaft다. 이해관계를 따지지 않
는 공동사회Gemeinschaft를 형성할 기회가 점점 사라지고 있다. 이
익사회가 전장戰場이라면 공동사회는 고된 전투를 끝내고 돌아
와 쉬는 막사幕舍다. 이익사회에서 단단히 묶었던 갑옷과 투구를
공동사회에서는 모두 내려놓고 퍼질러 앉아 있을 수 있고, 이익
사회에서 내내 곤두세웠던 긴장과 경계를 공동사회에서는 왁자

지껄한 웃음과 담소로 바꿀 수 있다. 도시화로 마을공동체가 소멸하고 최소 공동체이자 사회 기본 단위인 가족마저 해체되어 가고 있는 상황에서 사회 전체의 행복도를 높이는 데 종교공동체의 기여는 적지 않다.

물론 공동체 기회의 제공이라는 기여가 아니더라도 종교 행복론은 기본적으로 사회와 그 사회를 구성하는 인간에게 도움이 된다. 플라톤(BC428?-BC348?)의 '한 사회의 안정성은 신의 존재와 영혼의 불멸성과 같은 어떤 신학적 믿음에 의존한다'[40]라는 주장이나, 신학자 하비 콕스(1929-)의 '우리는 모두 신앙을 하는 동물들이다. 우리는 무엇이든지 우리의 삶에 일관성과 목적을 제공하는 것에 대한 어느 정도의 신뢰 없이는 살아갈 수 없다'[41]라는 주장에서처럼, 인간과 그 인간들로 이루어진 사회는 기본적으로 종교를 필요로 한다. 종교 행복론이 한 개인의 행복뿐만이 아니라 사회 전체의 행복도 향상에도 도움이 되는 이유다.

종교적 삶 또는 종교적 활동에 절대 가치를 부여하는 이들에게 있어 사실 종교 이외의 행복 수단은 생각하기조차 힘들다. 종교는 종교 이외의 행복을 얻기 위한 다른 모든 수단과는 그 차원 자체가 다르기 때문이다. 종교 이외의 행복 수단들은 주로 물질적인 데 반해 종교는 정신적이다. 종교 이외의 행복 수단들은 모두 현세 집착적인 데 반해 종교는 내세 지향적이다. 그리고 무엇보다도 일반 행복 수단들은 한정적이고 상대적인 데 반해 종교 행복론에 있어서의 신(신이 있는 종교인 경우)은 궁극적이고 절대적이다. 사실 비교 자체가 안 된다.

따라서 행복론 중 가장 스케일이 크고 가장 고차원적인 행복론은 당연히 이 종교 행복론이다. 현세에서 내세까지 이어져 사실 영원한 복락, 즉 영원한 행복을 지향하고, 그 믿음의 근거는 잠깐(길어봤자 100년 미만) 동안 유용할 뿐인 물질이나 관계가 아니라 영원히 존재하는 이 세상에서 가장 든든한 백그라운드인 신神이다.

> 우리는 모두 신앙을 하는 동물들이다. 우리는 무엇이든지 우리의 삶에 일관성과 목적을 제공하는 것에 대한 어느 정도의 신뢰 없이는 살아갈 수 없다.
> ─하비 콕스

♪숭고한 삶을 살고 싶지만 본능적 이기심과 욕망이 자꾸 나를 침범한다면?
_ 종교 행복론의 한계

종교 행복론은 다른 여러 행복론들과 차원이 다르다. 인간에게 가장 큰 두려움인 죽음에 대한 근본적인 해결을 추구하고 현세에서의 행복뿐만이 아니라 내세의 행복까지 추구한다. 그러나 종교 행복론 역시 다른 행복론과 마찬가지로 한계를 갖는다.

첫째, 신실한 종교인으로 살기가 생각처럼 쉽지 않다는 것이다. 실천하는 종교인으로서도 그렇고, 믿음의 종교인으로서도 그렇다.

예수는 군중과 제자들을 모아놓고 '율법학자들과 바리사이파 사람들은 모세의 자리를 이어 율법을 가르치고 있다. 그러니 그들이 말하는 것은 다 실행하고 지켜라. 그러나 그들의 행실은 본받지 말아라. 그들은 말만 하고 실행하지는 않는다. 그들은 무거운 짐을 꾸려 남의 어깨에 메어주고 자기들은 손가락 하나 까딱하려 하지 않는다. 그들이 하는 일은 모두 남에게 보이기 위한 것이다'[42]라고 말한다.

오늘날 적지 않은 종교인들의 말과 행동, 믿음과 실천 사이의 간극을 그대로 지적하고 있다. 종교인임을 내세우며 입으로는 선을 말하지만 행동으로는 악을 행하는 데 거침이 없고, 신을 입에 달고 살지만 신을 믿지 않는 이들 이상으로 신을 모독하는 행동을 서슴지 않는다. 잊을 만하면 터지는 종교지도자들의 부도덕한 행위, 종교인이 국민의 50%(기독교 인구 30%, 불교 인구가 23%)가 넘는 나라의 청렴도가 OECD 35개국 중 29위(2016년 국제투명성기구 발표)라는 현실이, 성서에서의 그 율법학자들과 바리사이파 사람들이 바로 오늘날 이 땅에 건재하고 있다는 것을 증명한다. 도시라면 어느 곳이나 사방으로 희생의 십자가가 둘러싸고 있고, 산이 있고 계곡 있는 곳이라면 그 어느 곳이든 빠짐없이 자비의 절이 자리하고 있는 믿음이 넘치는 이 땅에서 이뤄지고 있는 모습들이다.

종교는 다름 아닌 선善이고, 종교적 삶은 당연히 선한 행동의 실천을 가장 우선한다. 어떤 종교든 예외가 없다.

《반야심경》은 260자밖에 안 되지만 대승불교의 핵심을 압축적으로 망라하고 있다. 반야심경의 정식 이름은 '마하반야바라밀다심경摩訶般若波羅蜜多心經'이다. 의미는 '마하摩訶'는 '크다', '반야般若'는 '지혜', '바라밀다波羅蜜多'는 '건너편 기슭에 이르다'이고, '심心'은 '핵심', '경經'은 '성인의 가르침'이다. 따라서 '마하반야바라밀다심경'은 '큰 지혜에 이르는 핵심 가르침'이라는 의미다. 260자가 모두 핵심이지만 핵심 중의 핵심은 역시 260자의 전체를 일컫는 제목에 있다. 바로 '바라밀다'이다. '바라밀다'는 '건너편 기슭에 이르는', 즉 '깨달음에 이르는 방법'을 말하고 있기 때문이다. 바라밀다는 보시, 지계, 인욕, 정진, 선정, 지혜 6단계로 이루어진다. 이 중 첫 단계가 바로 우리에게 익숙한 '남에게 베푸는 것', 즉 '보시布施'다.

소승불교의 경전인 《법구경》에서는 '어떤 일이든 나쁜 짓은 하지 말고, 어떤 일이든 착한 일은 받들어 행하며, 스스로 자신의 마음을 깨끗이 하는 것, 이것이 불교, 즉 부처 가르침의 전부이다.[43]라고 말하고 있다. '남에게 베푸는 것'이 불교라는 종교의 출발이고 '착한 일을 하는 것'이 불교라는 종교의 전부라는 이야기다.

이슬람에서는 희사喜捨를 의무로 정하고 있다. 이슬람교도라면 누구나 지켜야 할 5가지 의무인 신앙고백(샤하다), 예배(살라트), 희사(자카트), 단식(샤움), 순례(핫지) 중 하나다. 이슬람교의 경전인 《코란》은 '희사는 가난한 자, 곤궁한 자, 그것을 징수하며 돌아다니는 자, 마음으로 협조한 사람, 또 노예, 부채에 고생하는 자를 위해, 그리고 알라의 길을 위해, 나그네를 위해 있어야 한다'[44]라고 말하고, '재산과 자식들은 현세의 장식이다. 그러나 언제까지나 남는 선행은 주의 곁에서 최고의 보수를 받으며 희망을 거는 최상의 것이다[45]라고 말한다. 이슬람교라는 종교 역시 불교와 마찬가지로 '남을 돕고' '착한 일을 하는 것'이 바로 신을 위한 것이고 자신을 위한 것이라고 말하고 있다.

기독교 역시 불교나 이슬람교와 마찬가지로 남을 위하고 착한 일을 하는 것을 기독교인의 의무로 두고 있다. 예수는 영원한 생명을 얻는 방법에 대한 질문에 '살인하지 말라, 간음하지 말라, 도둑질하지 말라, 거짓 증언하지 말라, 부모를 공경하라 그리고 네 이웃을 네 몸같이 사랑하라[46]라고 말하고 '네가 완전한 사람이 되려거든 가서 너의 재산을 다 팔아 가난한 사람들에게 나누어 주어라. 그러면 하늘에서 보화를 얻게 될 것이다'[47]라고 말한다. 또 '너희가 여기 있는 형제 중에 가장 보잘것없는 사람 하나에게 해준 것이 바로 나에게 해준 것이다'[48]라고 말한다. '남을 돕고' '착한 일을 하는 것'이 자신을 위한 것이고 또 신을 위한 것이라는 이야기다.

종교는 다름 아니다. 다른 사람에게 베풀고 선한 행동을 하는 것이다. 그것이 바로 신을 위한 것(신이 있는 종교라면)이고 자신을 위한 것이다. 그런데 인간에게는 이기심이 있다. 육체를 가지고 태어난 이상 이기심은 본능이다. 종교 행복론을 자신의 행복론으로 선택했다 할지라도 베풀고 선한 행동을 하는 것을 일관성 있게 지속적으로 하기란 쉽지 않다. 특히 자신의 것을 희생해야 하는 적극적인 이타적 행동의 경우에는 더욱 그렇다. 진실한 종교인이라면, 진실한 종교 행복론자라면 희생과 이기심 사이에서 끊임없이 갈등하는 자기 자신에 대해 힘들어할 수밖에 없다. 종교 행복론이 사람을 행복하게 하는 것이 아니라 오히려 더 고통스럽게 할 수도 있다.

간혹 유일신 종교에서는 '믿음'만 두드러지게 강조되는 경우가 있다. '실천'보다 '믿음'이 더 중요하다는 입장이다. 그런데 '믿음'은 사실 '착한 행동'보다 훨씬 더 실행하기가 힘들다. 죽음 이후 천당과 지옥이 있고 영생이 기다리고 있다고 조금의 갈등도 없이 진실로 거짓 없이 그대로 '믿는다면', 그 사람이 가장 반겨야 할 것은 '죽음'이고 가장 경멸해야 할 것은 현세의 '물질'과 '지위', '명예'가 될 것이기 때문이다. 소크라테스가 '나는 그대들에게 참 철학자란 죽음이 임박했을 때 기쁜 마음을 가질 만한 이유가 있고, 또 죽은 후에는 저세상에서 최대의 선을 얻을 희망을 가질 수 있다는 것을 증명하려 하오.'[49]라고 말하면서 자신의 죽음을 담담하게 맞이할 수 있었던 것은 바로 신과 사후세계가 있다는 것을 그가 진실로 '믿었기' 때문이었다.

철학자든 종교인이든 신과 사후세계를 진실로 믿는다면 100년도 안 되는 찰나의 삶 동안 먼지만도 못한 물질이나 지위, 명예에 목숨을 걸 리가 없다. 이 찰나의 보잘것없는 것들에 대한 집착으로 영원한 생명과 영원한 복락을 놓칠 수가 있기 때문이다. 순간의 쾌락을 위해 영원한 행복을 포기하는 어리석은 이는 이 세상 어디에도 없다. 진실한 믿음을 주장하면서 물질과 지위, 명예에 집착한다면 그것은 사실 그가 어리석어서 그런 것이 아니다. 말과 달리 사실은 신에 대한 믿음이 그다지 단단치 않기 때문이다. 죽음을 대하는 자세, 물질과 지위 그리고 명예를 대하는 자세가 '믿음'의 진실성을 확인할 수 있는 '진

나는 그대들에게 참 철학자란 죽음이 임박했을 때 기쁜 마음을 가질 만한 이유가 있고, 또 죽은 후에는 저세상에서 최대의 선을 얻을 희망을 가질 수 있다는 것을 증명하려 하오.
-소크라테스

실의 입Mouth of truth'이다. 종교 행복론자는 종교 행복론을 자신의 행복론으로 선택했지만 현실에서의 끊임없는 '믿음'에 대한 흔들림으로 차라리 신을 찾지 않았을 때보다 더 고통스러울 수도 있다.

　종교 행복론의 두 번째 한계는 종교의 가르침이 개인의 성장 그리고 사회의 발전과 부딪힐 수도 있다는 것이다. 힌두교에는 세 가지 중심 사상이 있다. 카르마karma, 삼사라samsāra 그리고 다르마dharma다. 카르마는 생각과 말과 행위를 의미하는 것으로 한마디로 사람들의 삶에 대한 태도다. 삼사라는 윤회輪回, 즉 중생이 죽으면 천상, 인간, 아수라, 축생, 아귀 그리고 지옥 여섯 세계 중 어느 하나에서 다시 태어난다는 개념이다. 다르마는 법法, 즉 힌두교의 진리를 말한다.

　이 세 가지 개념을 더하면 힌두교가 제시하는 바람직한 삶의 답이 나온다. 현재의 삶은 이전 생에서 카스트caste나 아슈라마āśrama와 같은 힌두교의 법에 얼마나 충실했느냐에 따라 결정된다. 다음 생의 삶 마찬가지로 지금 생에서 얼마나 힌두교의 진리에 충실하게 살아가느냐에 따라 결정된다. 한마디로 운명 결정주의다. 전생에서의 삶에 대한 태도가 현생의 삶을 결정했다면 지금의 삶을 더 낫게 하기 위해, 지금의 사회적 지위를 더 향상시키기 위해 현재 자신이 할 수 있는 일은 아무것도 없다. 바이샤로 태어났으면 바이샤로, 수드라로 태어났으면 수드라로 그 계급의 삶에 충실하기만 할 뿐이다. 주어진 계급에 순응할 때 다음 생에서 더 나은 삶이 보장된다. 물론 그 보장을 확인할 수 있는 방법은 사실 없다.

현재 인구 13억 인도의 1인당 국민소득은 1,598달러(2015)다. 2014년 취임한 모디 총리는 풍요로운 인도를 만들기 위해 현재 강력한 경제개혁을 추진 중이다. 그런데 경제개혁의 큰 걸림돌 중 하나가 다름 아닌 이 힌두교의 운명 결정주의다. 사회가 경제적으로 풍요로워지기 위해서는 구성원 각자가 부자가 되려고, 자신의 사회적 지위를 높이려고 최선을 다해야 한다. 그러기 위해서는 이 운명 결정주의가 제거되어야 한다. 그런데 거기에는 대가가 따른다. 운명 결정주의로 지금까지 힌두교가 인도 사회에 제공했던 사회적 안정, 체념에서 비롯된 마음의 평화와 행복도 함께 제거된다는 것이다. 제로섬 관계인 경제적 풍요와 체념의 행복 사이에서 경제적 풍요 쪽으로 저울대가 기울고 있는 것이 힌두교의 나라 인도의 오늘날 모습이다.

종교에서 자기 향상 욕구라는 인간의 본능을 억제시키는 것은 힌두교에 한정되지 않는다. 정도 차이일 뿐 어느 종교나 인간의 욕망을 경계한다. 욕망이 무한 질주하게 되면 그 끝에는 반드시 불행이 기다리고 있기 때문이다. 그러나 그 자기 향상 욕구라는 욕망에 대한 억제가 개인의 자기 실현과 사회적 풍요까지 거세시켜버릴 정도라면 체념과 안정에서 비롯된 개인의 행복은 인간 이성과 사회적 건강의 질식을 대가로 생겨난 왜곡된 행복, 값비싼 행복이라 할 수밖에 없다. 종교 행복론을 선택했지만 이런 사회에서, 이런 종교공동체에서의 행복이라면 그것은 건강한 행복이라 할 수 없고, 심할 경우 비인간적이기까지 하다.

종교 행복론의 세 번째 한계는, 종교에 대한 지나친 치우침은 삶의 다른 부분들과의 균형을 깨트려 오히려 사람들을 더 불행하게 만들 수도 있다는 것이다.

첫 번째는 인간관계에서의 균형 상실 위험이다. 가정은 기본 공동체다. 가정과 가족의 존재를 소중히 여기지 않거나 무의미하게 만드는 종교생활은 사람을 불행하게 할 뿐이다. 《성경》은 '하느님을 사랑한다고 하면서 자기의 형제를 미워하는 사람은 거짓말쟁이입니다. 눈에 보이는 형제를 사랑하지 않는 자가 어떻게 보이지 않는 하느님을 사랑할 수 있겠습니까?'[50]라고 말한다. 일찍이 공자도 계로라는 제자가 신神에 대해 묻자 '사람도 제대로 섬기지 못하면서 어찌 보이지도 않는 신을 섬길 수가 있겠느냐?'라고 대답하고, 또 다시 계로가 죽음에 대해 묻자 '삶도 제대로 모를진대 어찌 죽음을 알 수 있겠느냐?'[51] 라고 대답한다.

《성경》이나 공자 모두 사람을 제대로 섬기지 않으면서 신을 섬긴다는 것은 잘못된 것이고 거짓된 것이라고 말하고 있다. 가까운 이들에 대한 사랑을 소홀히 하면서 신을 진정으로 사랑한다고 말하는 것은 잘못된 것이고, 그런 상태를 행복이라 여긴다면 그것은 병적 행복이다.

두 번째는 생업과의 균형 상실 위험이다. 생업은 현세의 삶에 대한 해결책이고 종교는 궁극적으로 영생의 삶에 대한 해결책이다. 또한 생업은 건강한 종교생활을 가능하게 해주고 종교는 사람들의 삶에 가치와 방향을 제시해준다. 종교 행복론자는 생업이 자신의 종교생활을 불가능하게 만들도록 해서도 안 되지만, 마찬가지로 종교생활이 생업에 지장이 되게 해서도 안 된다. 종교생활을 제대로 못하게 되면 행복이 줄어들겠지만, 생업을 잃게 되면 종교생활 자체를 제대로 할 수 없게 되기 때문이다. 생업에 문제가 있을 정도의 종교생활은 지속가능한 종교생활을 어렵게 한다. 종교가 행복의 수단이 아닌 고통의 수단으로 전락할 수 있다.

세 번째는 자기 향상 노력과의 균형 상실 위험이다. 인간은 자신의 근원과 갈 곳에 대한 무지로 종교 본능을 갖기도 하지만, 이성적 존재로 자기 향상 본능도 갖는다. 타력 종교에 있어서의 신이나 신적 존재에 대한 의지는 자칫 자기 향상 본능의 무력화 논리를 가져올 수 있다. 사람의 이성 활용을 터부시하는 종교 또는 그런 종교공동체는 신을 위하기 이전에 먼저 인간 존재를 거부하고 있다. 신은 착한 인간을 강조하고 있지, 인간이 갓난아기 자체가 될 것을 요구하고 있지는 않다. 이 세상 모든 존재는 자신만의 속성을 가지고 있다. 그 속성을 가장 잘 실현할 때 그것은 그 존재를 만든 조물주를 기쁘게 한다. 당연히 존재 자신에게도 기쁜 일이다. 인간은 이성적 존재다. 이성을 최대한 발현할 때 인간은 신을 흡족하게 한다. 이성을 활용한 자기 향상을 함께할 때 종교 행복론은 참 행복론이 될 수 있다.

> 사람도 제대로 섬기지 못하면서 어찌 보이지도 않는 신을 섬길 수가 있겠느냐?
> -공자

종교 행복론은 손쉬운 행복론으로 여겨지기 쉽다. 그냥 자신을 신에게 내맡기기만 하면 될 것 같기 때문이다. 그러나 이성이 주어진 존재인 이상 공짜는 없다. 자기 의지를 가진 존재인 이상 무엇인가를 해야 한다. 바로 선한 행동과 올바른 믿음이다. 지속적인 선한 행동 그리고 믿음의 증명은 쉬운 일이 아니다. 그렇다고 거짓으로 선한 행동을 하는 척, 믿음이 있는 척할 수는 없다. 그것은 결국 자신을 양심이 거세된 괴물로 만들거나 파멸로 이끌고 말 것이기 때문이다. 그렇게 되면 불행이다. 종교 행복론을 자신의 행복론으로 선택했는데 오히려 자기 부정을 선택한 결과가 되고 만다.

종교 행복론을 선택했다면 쉽지 않더라도 선한 행동과 진실한 믿음의 길을 가야 한다. 단, 인간이 불완전한 이성적 존재라는 것도 받아들이면서 걸어가야 한다. 바다를 달리는 배처럼 끊임없이 흔들리고 때로는 좌로 우로 항로를 벗어나기도 하면서 신을 향하게 될 것이라고 자신에게 중간중간 애써 주지시켜야 한다. 성인聖人 마더 테레사(1910–1997)는 인도 캘커타에서 병들어 죽어가는 사람들의 고통을 덜어주기 위해 봉사하고 있을 때조차도 하느님의 존재에 대한 의심과 씨름했었다고 한다.[52] 종교 행복론자는 선한 행동과 믿음을 소홀히 해서도 안 되지만 그렇다고 자신을 완전한 이성인 신神에 비추어 너무 다그칠 일도 아니다.

예술 속에서
무아지경의 행복을 느끼다

감성 행복론

♪ 나의 감각을 사로잡는 황홀경, 그곳에 행복이 있다
_ 감성 행복론의 의미

감성 행복론은 예술·문학과 같은 감성활동에서 가장 크게 행복을 느끼는, 즉 '감성'을 자신의 '행복가치Happiness Value'로 삼는 행복론을 말한다. 논리와 사실에 바탕한 '이성'보다 시각(안眼), 청각(이耳), 후각(비鼻), 미각(설舌), 촉각(신身)과 같은 '감각'을 통해 행복을 찾는 것이다.

감성 행복론의 감성활동은 능동성 여부에 따라 둘로 나누어 진다. 바로 '창작활동'과 '감상활동'이다. 예술·문학을 창작하는 입장이든 그것들을 감상하는 입장이든 감성 행복론을 추구하는 이들의 목적은 동일하다. 바로 '감성'을 통한 '아름다움(미美)'과 함께 '즐거움(쾌快)'의 추구이다.

1인당 국민소득이 3만 달러에 가까워지고 동시에 저성장 시대로 들어서면서 사람들의 가치관도 크게 달라지고 있다. 성장과 확대·획일화된 일반적 모범·물질적 성공에서, 내면 충실·개성 실현·의미 있는 행복 추구로 사람들의 관심이 바뀌고 있다. 새로운 흐름인 '내면 충실', '개성 실현', '의미 있는 행복 추구'에 잘 들어맞는 행복론 중 하나가 감성 행복론이다. 일류대학 입학과 사회적 성공만을 미래상으로 그리던 10대들이 K-Pop 콘테스트와 같은 노래 오디션에 몰리고, 누구나 선망하는 직장에 들어간 일류대 출신의 신입사원이 일찍부터 아마추어 사진작가나 아마추어 피아니스트가 되는 것에 삶의 의미를 두고, 야간에 열리는 여행작가 강좌에 직장인들이 성황을 이루고, 동네의 색소폰 동호인 모임이나 문화센터 화실에 머리 희끗한 실버 세대가 몰리고 있다.

노래 오디션에 참가하는 10대들은 재능도 뛰어날 뿐만 아니라 삶에 대한 자기 생각도 확고하다. 재능이나 의지 모두 기성세대의 10대 때를 뛰어넘는다. 직장생활을 시작하기 전 사회가 제시한 정답과 모범만을 쫓아 매진해온 새내기 사회인의 전향(?)도 신선하고 건강하다. 기성세대는 인생 황혼기에 접어들어서야 빠른 승진, 아파트 평수를 늘리는 것만이 삶의 전부가 아니라는 것을 느끼는데, 지금의 10대·20대는 일찍부터 그것을 깨닫는다. 주경야독으로 여행작가 강좌에 참가하는 이들의 관심은 그야말로 삶에 대한 양적 성장이 아닌 질적 의미의 실현이다. 낯선 것들과의 다양한 만남을 자신만의 언어로 풀어낸다는 것은 그 어떤 물질, 그 어떤 가치와도 바꿀 수 없는 짜릿한 작업이다. 자본주의 환경에서 더 이상 수단이 아닌 주체가 되어 스스로 직접 시·공간 창조에 나서는 것은 불완전한 이성적 존재인 인간으로서 자기 실현을 넘은 숭고한 일이기까지 하다.

실버세대들의 음악 또는 그림 동호인 모임은 그야말로 새로운 실버문화의 자리 매김이다. 실버세대는 색소폰, 트럼펫, 기타와 같은 악기 또는 그림을 배우면서 단순히 즐기는 단계에 그치지 않는다. 지방자치단체 행사, 지역 축제에 주인공으로 초청되어 무대에 오르거나 소외 이웃을 찾아 직접 연주활동에 나선다. 또 화실 동호인들끼리 그룹지어 아마추어 화가로 직접 그림 전시회를 열기도 한다. 산업화 세대, 경제성장기 세대의 한 구성원으로 평생을 성장과 향상을 지상가치로 삼고 살아온 그들이 음악이나 그림으로 자신을 표현하고 무대 위, 전시회의 주인공이 되어 개인으로서의 자신을 드러내는 새로운 경험을 하고 있다. 그야말로 일찍이 경험해보지 못한 멋진 신세계다.

노래 오디션에 도전하는 10대, 자신의 본업에 충실하면서 아마추어 사진작가·아마추어 피아니스트를 꿈꾸는 새내기 사회인, 여행작가가 되기 위해 주경야독하는 중년 직장인, 열정으로는 프로 아티스트 이상의 삶을 살고 있는 실버 색소포니스트, 그들이 지향하고 있는 행복론이 바로 '감성 행복론'이다.

F. W. 니체(1844-1900)는 예술을 학문과 연결지어 '학문은 그 강력한 망상에 의해 자극받으면서 쉬지 않고 서둘러 달리면서 자신의 한계에 도달한다. 이러한 한계에서 논리학의 본질에 숨겨져 있는 낙천주의는 좌절된다 −중략− 논리학이 그 한계점에 부딪혀 자기 주위를 빙빙 돌면서 마침내 자신의 꼬리를 무는 것을 보면서 몸서리칠 때, 새로운 형식의 인식, 즉 비극적 인식이 터져나온다. 그리고 이러한 비극적 인식을 참고 견뎌내기 위해서만이라도 예술이 보호제와 치료제로서 필요하게 된다[53]라고 말하고 있다. 학문, 즉 '이성'은 자기 한계에 부딪힐 수밖에 없고, 한계에서 그에 대한 해결책으로 등장하는 것이 예술, 즉 '감성'이라는 이야기다.

공자(BC551-BC479)도 마찬가지로 '이성' 다음에는 '감성'이 따른다고 말하고 있다. 공자는 학문을 이루는 단계에 대해 '먼저 시詩로서 관심을 갖도록 하고, 이어 예절을 갖추도록 하며 그리고 마지막으로 음악으로 완성한다'[54]라고 말하고 있다. 공자의 말을 인간의 두 가지 속성인 '감성'과 '이성'으로 풀이하면, 배움 초기에 시詩와 같은 '감성'적 수단을 통해 선악을 자연스럽게 느끼게 하고, 그 다음 '이성'이라 할 수 있는 인간 간의 질서인 올바른 예절禮을 갖추도록 하며 그리고 마지막으로 다시 '감성'인 음악樂으로 배움을 완성한다는 이야기다.

니체가 '학문'인 '이성'이 더 이상 나갈 방향을 잃고 헤매고 있을 때 '예술'인 '감성'이 백마 탄 기사가 되어 찾아온다고 주장하고 있다면, 공자는 '예禮'와 같은 질서인 '이성'은 '악樂'과 같은 예술의 '감성'으로 완성된다고 이야기하고 있다. 두 사람 모두 '이성'의 끝에 '감성'이 와야 된다고 이야기하고 있다.

또한 니체는 이성이 한계에 부딪힐 때 등장하는 '예술'의 역할에 대해 '예술만이 삶의 공포나 부조리에 대한 저 구토를 일으키는 생각을 인간에게 사는 보람을 주는 여러 가지 표상으로 변화시킬 수 있다. 이러한 표상은 우리를 공포에 사로잡히게 만드는 것을 예술적으로 제어할 경우 숭고한 것이 되고, 부조리의 구역질로부터 예술적으로 인간을 해방시키는 경우에는 희극적인 것이 된다'[55]라고 말하고 있다. 《논어》에는 공자의 음악에 대한 강렬했던 경험이 자기 고백과 함께 등장한다. '공자가 제나라에서 소악을 들으

예술만이 삶의 공포나 부조리에 대한 저 구토를 일으키는 생각을 인간에게 사는 보람을 주는 여러 가지 표상으로 변화시킬 수 있다.
—니체

면서 3개월간 고기 맛을 잊었다. 그러고 난 뒤 하는 말이 "음악으로 인해 이런 상태에까지 이르게 될 줄은 꿈에도 생각지 못했다"였다[56]라는 내용이다.

니체가 공포와 부조리한 삶으로부터 인간을 해방시키고 또 인간에게 사는 보람을 줄 수 있는 것이 바로 예술이라고 말하고 있다면, 공자는 음악이라는 것이 3개월간 고기 맛을 잊어버리게 할 정도로 아름답고 좋은 것이었다고 고백을 하고 있다. 니체와 공자 모두 결국 '예술'이 '감성'을 충족시켜 인간을 행복하게 한다고 말하고 있다. 한마디로 두 사람 다 '감성 행복론'을 말하고 있다.

> 먼저 시(詩)로서 관심을 갖도록 하고, 이어 예절을 갖추도록 하며 그리고 마지막으로 음악으로 완성한다.
> ─공자

자본주의 사회에서 '아름다움(미美)'과 함께 '즐거움(쾌快)'을 추구하는 감성 행복론은 두 가지 입장으로 이루어진다. 전업으로 또는 취미로다. 예술이나 문학을 전업으로, 즉 '아름다움(미美)'과 함께 '즐거움(쾌快)'을 추구하는 삶을 살면서 동시에 그 행위로 자신의 생활도 유지할 수 있다면 그것은 그야말로 환상적이다. 노래를 부르고 악기를 연주하는 것 자체만 해도 쾌락인데 거기에 경제적 수입이라는 쾌락까지 더해 따라오니 환상적이지 않을 수가 없다. '쾌락'을 얻기 위해서는 그 대가로 반드시 '고통'을 지불해야 하는 거래의 자연법칙을 벗어난 경우다. 당연히 누구나 원하는 삶이다.

꒰ 꿈을 좇고 있지만, 밥벌이가 영 시원치 않다면?
_ 감성행복론의 한계

감성 행복론은 노래를 부르고 그림을 그리고 연극을 하고 시를 쓰고 기타를 연주하는 것과 같은 감성적 활동을 할 때나, 이런 감성적 활동들을 감상하고 즐길 때 가장 크게 행복을 느끼는 행복론이다. 감성 행복론을 추구하는 사람들은 예술·문학 활동과 이런 활동에 대한 감상으로부터 갖게 되는 '행복의 크기'나 예술·문학에 대한 자신의 '소질 여부' 등에 따라 감성 행복론을 '전업' 또는 '취미' 차원으로 추구한다.

예술이나 문학에 자신의 행복뿐만이 아니라 자신의 존재 의미까지 부여하고 스스로 소질도 있다고 생각하는 이들은 예술·문학 작품을 '만드는 일' 또는 작품을 '감상하는 것'을 아예 자신의 '본업'으로 선택한다. 직접 공연을 하고 작품을 '만드는 것'을 최고의 행복으로 여기는 이들은 가수나 화가, 배우나 시인 또는 피아니스트와 같이 예술·문학 작품을 만드는 것을 자신의 직업으로 선택한다. 그리고 예술·문학의 공연과 창작에 직접 나서 기보다 '감상하는 것'에서 더 행복을 느끼거나 자신의 소질이 거기에 더 적합하다고 생각하는 이들은 큐레이터나 평론가 또는 해당 분야 전문 저널리스트와 같은 직업을 선택한다.

소질 여부 등 여러 가지 사정에 의해 '취미' 차원에서 예술·문학 활동을 직접 하거나 또는 감상에 자신의 행복 근거를 두는 이들은 자신의 본업과 별도로 시간과 비용을 들여 예술·문학 활동 또는 감상을 즐긴다. 취미로 추구하는 감성 행복론은 글자 그대로 본업과 별도로 '취미로 즐기는' 예술·문학 활동 또는 감상이다. 따라서 예술·문학 활동에서 반드시 경제적 수입을 올리지 않아도 되고, 예술·문학 활동 등도 퇴근 후의 저녁시간이나 주말에 형편에 맞춰 즐긴다.

이렇게 취미로서의 예술·문학 활동 또는 감상은 자신의 본업 이외 시간을 활용해 즐기는 것인 만큼 자신의 모든 시간과 에너지를 예술·문학 활동 등에 투입할 수 없다는 단점이 있다. 그러나 반면에 생계유지를 위해 자신의 노래나 그림을 사줄 소비자를 찾아 나설 필요가 없다는 장점이 있다. 한마디로 취미로서의 감성 행복론은 본업 이외의 시간과 본업으로부터의 수입이 허락하는 범위 내에서 예술·문학 활동 또는 감상을 적절히 즐기는 행복이다.

따라서 취미로서 감성 행복론을 추구하는 데는 특별한 문제가 없다. 본업이 취미생활을 가능하게 하고 또 취미가 본업 수행에 필요한 에너지와 건강한 삶을 위한 의미를 제공하는 호혜관계이니만큼 본업과 취미 사이에 적절히 균형만 유지할 수 있으면 된다. 그러나 본업으로 추구하는 감성 행복론은 다르다. 본업으로서의 감성 행복론은 감성활동이 자신의 행복 원천에 그치는 것이 아니라 동시에 생계수단이 되어야 하므로 현실에서 고려하지 않으면 안 될 몇 가지 문제들이 있다.

첫째, 현실에서 예술·문학으로는 생계를 유지하기가 쉽지 않다.

어느 대형 서점에서 독자들을 위한 이벤트로 잘나가는 국내 유명 소설가 두 사람의 대담자리를 마련했다. 진행자가 두 작가에게 언제 소설이 가장 잘 써지느냐고 물었다. 40대 작가는 통장에 잔고가 바닥나려 할 때 가장 잘 써진다고 했다. 다른 60대 작가는 마감에 쫓길 때라고 대답했다. 참석한 독자들이 재미있어하며 웃었다.

이어 소설을 쓰는 이유에 대해 진행자가 물었다. 사람들은 '멋지거나 심오하거나' 한 대답을 기대하면서 모두 숨을 죽였다. 생각보다 대답이 빨랐다. 40대 작가가 다른 이유가 없다고 했다. 자신은 먹고살기 위해 소설을 쓴다고 했다. 60대 작가가 곧바로 이어서 대답했다. 자기도 마찬가지라고 했다. 그러면서 작가는 때론 하천 정비와 같은 울력도 나가야 한다고 덧붙였다. 참석한 독자들이 이번에는 웃지 않았다. 대신 의아해하는 표정을 지었다.

아파트 상가에 기타 학원이 있다. 기타 학원을 운영하는 원장은 40대 후반 남성이다. 그의 기타 연주 솜씨는 TV나 유튜브에 등장하는 그 어떤 프로 연주자에게도 뒤지지 않는다. 그는 중학교 때부터 기타를 치며 노래를 부르기 시작해 대학에서도 실용음악으로 기타를 전공했다. 대학 졸업 후 노래와 연주활동을 계속해오다 수입이 불안정해 생활을 할 수가 없어 한때는 3년간 룸살롱에서 손님들의 온갖 주사酒邪를 다 받아가면서 반주 음악을 하기도 했다.

그러다 결국 가수 겸 기타리스트의 길을 포기하고 5년 전 아파트 단지 상가에 기타 학원을 열었다. 그리고 지금은 부부가 빌라 20평형대에 살면서 어느 정도 안정된 생활을 하고 있다. 그는 함께 음악을 해온 동료들 중에서 그래도 자신은 잘된 편이라 했다. 대부분은 생계 때문에 아예 음악을 그만두었고 학원을 열었던 몇 명도 대부분 빚만 지고 학원을 접었다고 한다. 그는 지금 상황이 최상은 아니지만 그래도 행복하다고 했다.

예술이나 문학 상품은 의식주에 해당되지 않는다. 인간 생존에 필수가 아니다. 따라서 경제와 함께 문화 향유 수준이 어느 정도 이상 되지 않는 사회에서는 예술과 문학이 제대로 팔릴 수가 없다. 대중예술의 경우, 우리나라 배우·탤런트들의 수입은 10명 중 9명이 월 평균 58만 원이고, 가수는 10명 중 9명이 월 평균 67만 원이다.[57] 문학 쪽은 훨씬 더 심각하다. 중앙일보, 창작과 비평, 문학사상과 같이 누구나 알고 있는 등용문을 통해 신인문학상을 타고 화려하게 등단한 3–7년차 시인들조차 연간 수입이 100만 원이 되기 힘들다.[58]

어제 오늘의 일이 아니지만 예술이나 문학을 하는 것은 아직도 여전히 배고픈 길이다. 예술·문학을 본업으로 하면서 그것으로 생계를 제대로 해결할 수 없다면 행복은 고사하고 생존 자체가 위협받게 된다. 또 생존의 위협까지는 아니라 할지라도 가정을 꾸리고 자녀를 키우는 것과 같은 일반적인 사회생활이 불가능할 수 있다. 감성 행복론을 선택해 예술 또는 문학을 본업으로 선택한다면 미리 보조 생계수단을 강구하거나 경제적 안정을 이루기까지 생계비용을 최소화하는 생활방식을 선택할 필요가 있다.

우리나라 배우·탤런트들의 수입은 10명 중 9명이 월 평균 58만 원이고, 가수는 10명 중 9명이 월 평균 67만 원이다. 누구나 알고 있는 등용문을 통해 신인문학상을 타고 화려하게 등단한 3-7년차 시인들조차 연간 수입이 100만 원이 되기 힘들다.

두 번째, 예술·문학에는 뛰어난 감수성이 요구된다.

'배우는 가장 상처받기 쉬운 영혼을 가져야 한다'고 어떤 이는 말한다. 맞는 말이다. 여기에서 '상처받기 쉬운 영혼'은 다름 아닌 '감수성'이다. 영화 속 슬픈 장면을 보면 가눌 수 없는 슬픔에 빠져들고, 아침을 깨우는 지저귀는 새 소리나 낮 동안의 분주함을 재우는 장엄한 붉은 노을에는 환희에 찬 감동을 주체하지 못하는 것이 감수성이다.

배우는 슬픔과 기쁨을 일반 사람들보다 훨씬 더 강하게 느낄 수 있어야 한다. '외부 세계의 자극을 받아들이고 느끼는 성질'이라는 '감수성'의 사전적 의미 그대로, 눈(안眼), 귀(이耳), 코(비鼻), 혀(설舌), 접촉(신身)을 통해 외부 자극을 받아들일 때 일반 사람들보다 더 민감하게 받아들일 수 있어야 한다. 물론 여기서 감수성의 주체는 단순히 배우에 한정되지 않는다. 배우는 물론 예술가, 문학가 그리고 예술·문학과 관련된 일을 하는 이들 모두를 포함한다.

드라마를 볼 때 주인공의 연기력이 뛰어나면 시청자들은 그 드라마에 완전히 몰입한다. 이때 연기력이 뛰어나다는 것은 다름 아니다. 주인공이 제스처나 대사뿐만 아니라 눈빛 하나, 잔근육의 미세한 떨림 하나까지 모두 실제 상황인 것처럼 연기하는 것이다. 극적인 내용에 더해 그것이 실제 상황처럼 받아들여지면 시청자들은 자연스레 그 드라마에 몰입하지 않을 수가 없다. 그런데 이때 드라마에 몰입하는 것은 시청자만이 아니다. 연기하는 주인공 본인도 몰입한다. 아니 몰입해야 한다. 연기가 아닌 실제 상황이라고 자신을 몰아가면서 스스로의 감성을 완벽하게 속일 수 있어야만 살을 떨면서 처절하게 오열할 수도, 환희에 들뜬 열락의 몽환적 표정을 만들어낼 수도 있다. 그래서 뛰어난 연기자일수록 드라마나 영화에서 지독한 악역과 같은 문제적 캐릭터를 맡게 되면 연기가 끝나고 난 다음 한참 동안 그 캐릭터에서 헤어나지 못해 고통을 겪는다고 한다.

감수성은 의식적으로 노력해 금방 깊어질 수 있는 영역이 아니다. 훈련을 통해 어느 정도 향상시킬 수는 있겠지만 적지 않은 부분이 개인의 기본적 소질에 좌우된다. 천부적으로 감수성이 남달리 뛰어난 이들이 있다. 절대음감을 소유하거나, 미세한 맛의 차이를 귀신같이 구분해내거나, 냄새·향기를 맡을 때 그 섞인 것들을 구분해내고 또 기억을 잘 해내는 이가 별도로 있다.

이런 감수성을 천부적으로 갖지 못한 이가 예술·문학을 본업으로 하는 감성 행복론을 추구할 경우 그 발전과 성장에는 어느 정도 한계가 있을 수밖에 없다. 연기를 할 때 실제 상황처럼 자신의 느낌을 완벽에 가깝게 잘 속이지 못할 것이고, 음악을 할 때 음감이 약해 소리를 몸으로 기억하고 또 재현하는 데 한계가 있을 것이고, 시와 소설을 쓸 때 설정 상황을 상상 속에서 선명하게 떠올리면서 그 느낌을 생생하게 글로 풀어내는 데 어려움이 있을 것이다.

물론 감성 행복론을 취미로 추구하는 경우는 천부적 소질 여부가 그리 문제되지 않는다. 그냥 자신의 소질과 노력이 허용하는 범위 내에서 예술이나 문학 활동을 즐기면 된다. 그러나 본업일 때는 상황이 크게 달라진다. 이 세상에 존재하는 수많은 작품이나 재능 또는 평론 중에서 자신의 것이 팔려야 한다. 그래야 생계를 유지하고 또 지속적으로 예술·문학 활동을 해나갈 수 있다. 그리고 팔리기 위해서는 당연히 자신의 것이 다른 이들의 것보다 뛰어나야 한다.

따라서 아마추어가 아닌 프로 수준의 예술·문학에 있어서 그 경쟁력을 좌우하는 핵심은 상당 부분 개인의 천부적인 소질일 수밖에 없다. 프로 세계에서 누구나 최선의 노력은 다할 것이고 실력의 마지막 그 끝부분은 결국 개인의 천부적인 소질에 의해 채워질 것이기 때문이다. 천부적으로 감수성이 뛰어나지 않으면 본업으로서 예술·문학하기가 쉽지 않을 수 있다는 이야기다.

세 번째, 예술·문학은 뛰어난 창의성을 요구한다.

앞에서 '배우는 가장 상처받기 쉬운 영혼을 가져야 한다'고 말했다. 그런데 사실 이 말은 배우를 비롯한 예술가나 문학가에게 필요한 영혼의 속성을 충분히 설명하고 있지는 못하다. 배우는 '가장 상처받기 쉬운 영혼'뿐만이 아니라 '자유로운 영혼'도 함께 지니고 있어야 한다. 한마디로 예술가나 문학가에게는 '감수성'뿐만 아니라 '창의성'도 함께 있어야 한다.

사람이 만든 물품은 '작품作品'과 '제품製品'으로 나뉜다. 제품은 빵이나 자동차 또는 옷과 같이 공장에서 대량으로 생산된 표준화된 복제 물품들을 말한다. 그렇다면 작품은 무엇일까? 우리는 어떤 사람이 만든 물품을 보면서 자신도 모르게 '야! 이거 완전히 작품이네' 하고 감탄할 때가 있다. 이때 그 감탄의 배경에는 우리가 의식하지 않을 뿐 '창의적인Creatively', '추가되는Additionally' 또는 '새로운Newly'과 같은 전제가 깔려 있다.

공자(BC551-BC479)가 자신의 사상 경향을 '술이부작(述而不作: 기존의 것을 전달할 뿐 새로 만들지 않는다)[59]으로 드러내면서 '작作'을 '새로 만들다'의 의미로 사용한 것처럼, 또 '작품'이라는 말의 사전적 의미가 '예술 창작 활동으로 얻어지는 제작물'인 것처럼, '작품作品'에서의 '작作'은 단순히 '만든다(make 또는 manufacture)'가 아닌 '새로운 것을 만든다Create'이다.

따라서 제품이 아닌 작품, 즉 '창의적인', '추가되는' 또는 '새로운' 어떤 것을 만들어내기 위해서는 당연히 '창의성'이 요구된다. 그리고 그 '창의성'은 현실에서 기존 질서에 얽매이지 않는 거침없는 상상력과 두려움 없는 도전에서 비롯된다. 결국 창의성의 수원지인 '자유로운 영혼'을 지니고 있지 않은 이는 일단 기본적으로 예술 또는 문학 활동과 궁합이 잘 맞지 않는다. 본업으로 감성 행복론을 추구하는 데 현실적으로 한계가 있다.

《죽은 시인의 사회》에서 키팅 선생은 '우리가 시를 읽는 것은 바로 인류의 일원이기 때문이다. 그리고 그 인류는 온통 열망에 휩싸여 있다. 의학, 법률, 금융, 이런 건 모두 삶을 영위하기 위해 필요한 것들이다. 그렇다면 시, 낭만, 사랑, 아름다움은 왜 이 세상에 존재하는 걸까? 그건 바로 우리가 살아가는 목적이기 때문이다[60] 라고 말한다.

키팅 선생의 말처럼 아름다움을 추구하는 예술이나 시와 같은 문학은 어쩌면 삶의 수단이 아닌 오로지 삶의 목적일는지 모른다. 지금까지 수많은 예술가, 문학가들이 생존에 절실한 것들을 도외시한 채 자신의 삶을 예술과 문학의 제단에 바치고 혼을 살라왔던 것은 바로 그런 생각에 동의했기 때문이리라.

그러나 삶의 목적 역시 삶의 수단이 존재할 때 비로소 현실적으로 의미를 갖는다. 자본주의의 종조인 애덤 스미스는 '문학가들은 그들의 사후에는 흔히 당대의 위대한 왕공, 귀족이나 정치가들보다도 더 많이 회자되기도 한다. 그러나 일반적으로 살아 있을 동안에는 그 존재가 잘 알려지지 않고 아주 미미하다[61]라고 말한다.

'잘 알려지지 않은 미미한 존재'라도 될 수 있다면 다행이지만 생계 자체가 위협받는 상황이라면 예술, 문학 아니 그 어떤 다른 숭고한 가치라도 현실에서 그 의미는 크게 축소되고 만다. 사후에 왕공, 귀족이나 정치가들보다 더 많이 회자되고 받들어질 것만을 기대하고 현재를 완전히 아무것도 아닌 것처럼 여기고 살 수는 없다. 감성 행복론을 본업으로 선택할 경우, 여기에 필요한 소질인 자신의 감수성과 창의성 등을 냉정하게 살펴봐야 하는 이유이다.

우리가 시를 읽는 것은 바로 인류의 일원이기 때문이다. 그리고 그 인류는 온통 열망에 휩싸여 있다. 의학, 법률, 금융, 이런 건 모두 삶을 영위하기 위해 필요한 것들이다. 그렇다면 시, 낭만, 사랑, 아름다움은 왜 이 세상에 존재하는 걸까? 그건 바로 우리가 살아가는 목적이기 때문이다.
—《죽은 시인의 사회》

행복은

그냥 오지

않는다

Part 2

행 복 을
계 획 하 고
실 행 하 는
자기관찰의 시간

나만의 맞춤형
행복 플랜을 찾아서

행복 로드맵

⟫Why 행복 로드맵?
_ 즐거움의 추억 vs. 고통의 기억

주말을 틈타 강원도 영월과 경북의 영주, 풍기를 찾았다. 단
종의 애사가 서려 있는 영월의 청령포, 장릉을 비롯해 한반도지
형, 선돌, 별마로 천문대, 고씨동굴, 김삿갓 묘, 김삿갓 기념관
그리고 영주 부석사와 풍기의 소수서원까지 둘러보는 광범위하
면서도 매우 **빡빡**할 듯한 1박 2일의 일정이었다.

그런데 각오했던 것과 달리 1박 2일 동안 전혀 **빡빡**하지 않았
다. 들르는 데가 10여 곳이나 되고 대부분 처음 가보는 곳이었
지만 찾아가는 데 아무런 불편함이 없었고 또 시간상으로도 전

혀 쫓기지를 않았다. 그야말로 쾌적하고 편안하고 즐거운 여행이었다.

서울에서 출발해 1박 2일 동안 강원도 내륙과 경북의 10여 곳을 들르는 여행이 여유로울 수 있었던 것은 다름이 아니었다. 바로 자동차 내비게이션 덕분이었다. 목적지만 입력하면 최단거리로 갈 곳을 안내하니 낭비하는 시간이 없었고, 괜한 고생으로 힘들고 짜증날 일이 없었다. '목적지'와 그 '목적지에 이르는 경로Road map'가 미리 설정되어, 정확하게 목적지를 향할 수 있었고, 시행착오를 없앨 수 있었고, 몸 컨디션을 조절하면서 여행을 할 수 있었다.

그런 불필요한 에너지 낭비를 아낀 만큼 당연히 여행 내내 활력이 유지되니 가족과의 즐거운 대화에 열중하고, 맛있는 음식을 음미하고, 또 눈부신 풍광에 취할 수 있었다. 자동차 내비게이션이 등장하기 전이라면 불가능한 일이었다. 이렇게 많은 곳을 이틀 사이에 모두 들를 수도 없었고, 설사 들르더라도 수많은 시행착오와 짜증으로 여행이 즐거움의 추억이 아니라 고통의 기억으로 남기 십상이었다. 그냥 어딘가를 다녀왔다는 것 자체에 여행의 의미를 두기에 급급하기 쉬웠다. '목적지'가 어디인지를 분명하게 파악하고 그 '목적지에 이르는 경로Road map'를 미리 확정해놓을 수 있다면 여행은 즐거울 수밖에 없다.

'행복 로드맵Road map for Happiness'은 내가 향할 자신의 '행복 목적지Happiness'와 그 '목적지에 이르는 경로Road map'를 분명하게 알려준다. 자신의 삶을 행복하게 할 '목적지'가 어디인지를 알고, 아울러 그 '목적지에 이르는 경로'를 미리 구체적으로 정할 수 있다면 사람들은 100년이 안 되는 인생이라는 한정된 시간에서 이른 시기에 행복에 이를 수 있고 또 이른 시기에 도달한 만큼 그 행복 상태를 오랫동안 향유할 수 있다.

현실에서 자신을 행복에 이르게 하는 가장 지혜로운 방법이 무엇인지를 따져보지 않고, 아니 그 전에 자신을 행복하게 할 것이 무엇인지에 대해 진지하게 생각해보지도 않은 채 그저 막연하게 언젠가는 행복해질 것이라고 기대한다면 그것은 현명한 태도가 아니다. 그것은 사냥을 나가 아무 쪽으로나 총을 쏴대면서 사냥감이 잡히기를 기대하고, 골프 치는 방법을 한 번도 배운 적이 없는 사람이 필드에 나가 홀컵이 어느 쪽인지도 파악하지 않은 채 무턱대고 공을 치면서 홀인원이 나오기를 기대하는 것과 같다.

여행에서 목적지와 목적지에 이르는 길을 아는 것이 필요하고, 사냥에서 사냥감 위치와 총을 조준하는 기술을 아는 것이 필요하고, 골프를 치면서 홀컵 위치와 공을 제대로 치는 방법을 아는 것이 필요한 것처럼, 삶에서의 행복 역시 자신을 행복하게 할

'목적지'와 그 '목적지에 이르는 경로'를 행복여행 출발 전에 미리 알고 있어야 한다. 아니 그것들을 알아야 비로소 우리는 자신의 행복여행을 떠날 수 있다. '행복 로드맵'은 자신을 행복하게 할 '목적지'와 그 '목적지에 이르는 경로'를 보여준다. 또한 '행복 로드맵'은 삶에서 행복을 찾아가는 데 드는 헛된 시간과 헛된 노력을 줄여준다.

미국의 시인 R. L. 프로스트(1874–1963)는 자신의 대표적인 시 '가지 않은 길The Road Not Taken'에서 이렇게 읊었다.

> 단풍 든 숲 속에 두 갈래 길이 있었습니다
> 몸이 하나니 두 길을 가지 못하는 것을
> 안타까워하며, 한참을 서서
> 낮은 수풀로 꺾여 내려가는 한쪽 길을
> 멀리 끝까지 바라다보았습니다
>
> 그리고 다른 길을 택했습니다, 똑같이 아름답고,
> 아마 더 걸어야 될 길이라 생각했지요
> 풀이 무성하고 발길을 부르는 듯했으니까요
> 그 길도 걷다 보면 지나간 자취가
> 두 길을 거의 같도록 하겠지만요

그날 아침 두 길은 똑같이 놓여 있었고

낙엽 위로는 아무런 발자국도 없었습니다

아, 나는 한쪽 길은 훗날을 위해 남겨놓았습니다!

길이란 이어져 있어 계속 가야만 한다는 걸 알기에

다시 돌아올 수 없을 거라 여기면서요

오랜 세월이 지난 후 어디에선가

나는 한숨지으며 이야기할 것입니다

숲 속에 두 갈래 길이 있었고, 나는

사람들이 적게 간 길을 택했다고

그리고 그것이 내 모든 것을 바꾸어 놓았다고[62]

시인은 자연에 빗대어 인생이라는 길에서는 두 길을 한 번에
갈 수가 없으며, 가보지 않은 길에 대해서는 미련을 가질 수밖
에 없다고 노래하고 있다. 종교인들은 지금 이 삶 말고 또 다른
삶을 꿈꾸기도 한다. 그러나 대부분의 사람들에게 있어 지금 삶
은 그 자신에게 주어진 유일한 단 한 번의 삶이다. 이번의 삶 말
고도 앞으로 여러 차례의 다른 삶이 준비되어 있다면, 지금 삶의
시간이 천 년, 만 년이라면, 사람들은 지금 자신의 삶에 훨씬 덜
초조해할 것이다. 이번 삶에서 소시민으로 근근하게 살았다면

다음 삶에서는 보란 듯 한번 폼 나게 살아볼 수 있고, 100년 동안 무계획적으로 되는 대로 인생을 낭비했다면 나머지 900년은 심기일전해 다시 새롭게 의미 있는 행복한 삶을 살아볼 수 있기 때문이다.

그러나 인생은 한 번이다. 그리고 100년이다. 인생에서 이미 많은 시간을 흘려 보내버리고 난 뒤 어느 날 갑자기 이것은 내가 원하는 삶이 아니었다는, 나를 행복하게 하는 삶이 아니었다는 생각을 하게 된다면 너무 안타까운 일이다. 삶의 시간은 되돌릴 수 없고 남아 있는 삶은 이미 보내버린 시간만큼 줄어들어 있다. 행복 로드맵은 한 번뿐인 삶의 시간들을 의미 없게, 헛되게 보내지 않도록 한다. 정확히 말하면 행복 로드맵을 만들지 않는 경우에 비해 삶을 무의미하게, 헛되게 보낼 확률을 크게 낮춰준다. 시간이 흐른 뒤에도 후회하지 않을 길을 인생의 이른 시기부터 용의주도하게 선택할 수 있도록 해, 한 번뿐인 인생을 낭비하지 않도록 도와준다.

그렇다면 우리의 삶에서 행복 로드맵을 작성하기에 가장 적절한 때는 언제일까? 그것은 바로 당신의 지금이다. 10대든 40대든 60대든 그 누구에게나 지금 바로 이 순간이다. 왜냐하면 지금 이 순간이 앞으로 당신

> 숲 속에 두 갈래 길이 있었고, 나는 사람들이 적게 간 길을 택했다고 그리고 그것이 내 모든 것을 바꾸어 놓았다고

이 살아갈 시간들의 엄숙한 그 첫 순간이고, 오늘 이 날이 앞으로 당신이 그려나갈 순백한 날들의 그 첫날이기 때문이다. 살아 있는 자에게는 누구에게나 앞으로 살아갈 날들이 기다리고 있다. 시간은 되돌릴 수 없고 지금까지 살아온 삶은 바꿀 수 없다. 그렇지만 앞으로 살아갈 날들은 바꿀 수 있다. 10대부터 60대까지, 누구나 지금부터라도 행복 로드맵을 만들지 않을 이유가 없다. 아니 만들어야 한다.

맹자는 어진 자는 따르는 사람들이 많으므로 왕을 하지 않으려 해도 하지 않을 수가 없다고 하면서, '어질지 못한 자가 지금 당장 왕이 되고자 하는 것은, 깊은 병에 지금 당장 3년 묵은 약쑥을 구하는 것과 같이 어리석은 일이다. 지금이라도 약쑥을 뜯어 묵혀놓지 않으면 앞으로 다시 큰 병이 드는 일이 있어도 치료할 수가 없듯이, 지금부터라도 어질게 행동하지 않으면 그 사람은 결국 죽을 때까지 왕이 될 일이 없다'[63]라고 말하고 있다.

왕이 되는 일, 병을 고치는 일뿐만 아니라 사람들의 행복 실현 역시 그렇다. 지금 '행복 로드맵'을 작성해야 3년, 5년 시간이 지난 뒤 지금보다 나은 행복을 약속할 수 있다. 지금의 40대, 60대가 되기까지 이미 많은 시간을 아무런 행복 계획 없이 살아왔는데 이제 와 뭘 새삼스럽게 '행복 로드맵' 하고 생각한다면 그것은 앞으로 왕이 될 기회, 큰 병을 치료할 기회를 원천봉쇄하는

것과 같다. 앞으로 시간이 지나도 삶이 지금보다 더 행복해질
가능성을 아예 처음부터 포기하는 것이다.

10대든, 60대든 자신의 삶의 주인은 바로 자신이라 생각한다
면 누구나 이성적 존재로서 의미 있는 삶, 행복한 삶을 살 권리
와 의무가 있다. 삶에서 가장 소중한 순간은 희망으로 가슴 벅
차올랐던 10대 때의 어느 뭉게구름 피어
오르던 그날이 아니다. 지금이다. 그리고
앞으로 살아갈 모든 순간들이다. 우리는 지
금 살아있고 또 앞으로 살아갈 것이기 때문
이다. 살아있다면 행복 로드맵 작성은 그
누구에게나 필수다.

> 지금이라도 약쑥을 뜯어 묵혀
놓지 않으면 앞으로 다시 큰
병이 드는 일이 있어도 치료할
수가 없듯이, 지금부터라도
어질게 행동하지 않으면
그 사람은 결국 죽을 때까지
왕이 될 일이 없다.
－맹자

⪼ 어떻게 행복 로드맵을 만들 것인가?
_ 행복 로드맵 작성 노하우

우리는 흔히 어떤 결과를 가져온 '원인'을 한 가지로만 생각
한다. 결과에 작용해 직접 영향을 미친 것만을 유일한 원인으로
여긴다. 예를 들어 대리석 조각상이 있을 경우 그 조각상을 만
든 조각가의 행위만을 원인으로 여기는 식이다. 아리스토텔레

스(BC384~BC322)는 원인을 하나가 아닌 4가지로 인식한다. 바로 목적인目的因, Final cause, 질료인質料因, Material cause, 형상인形相因, Formal cause 그리고 동력인動力因, Efficient cause [64] 4가지다.

조각상의 경우를 예로 들어보자. 대리석을 정으로 쪼아 조각을 할 때 조각가는 그 조각상을 만드는 이유가 되는 어떤 '목적'을 갖는다. '실내 장식'을 위한 용도로 대리석 조각상을 만든다면 '실내 장식'이 그 조각상을 만들고자 하는 이유, 즉 '목적인'이다. 그리고 조각상을 만들기 위해서는 기본적으로 '재료'인 '대리석'이 있어야 한다. 이 '대리석'이 '질료인'이다. 이때 조각상을 만들기 위해서는 조각상의 구체적인 '형상'을 먼저 정해야 한다. 즉 '설계도면'과 같은 형상이 필요하다. 이 구체적인 형상, 즉 '설계도면'이 '형상인'에 해당된다. 그리고 마지막으로는 이 형상에 따라 대리석을 정으로 쪼아 조각상을 '만드는 과정'이 필요하다. 이 '힘을 가해 조각을 하는 과정'을 '동력인'이라 한다.

결국 '실내 장식'이라는 최종 목적을 달성하기 위해서는, 이 조각상을 만드는 이유인 '목적인'이 애초에 있어야 하고, 그리고 당연히 재료인 대리석, 즉 '질료인'이 있어야 하며, 이어 조각상의 설계도면인 '형상인', 그리고 마지막으로 조각상을 만드는 과정인 '동력인' 등 4가지 원인이 있어야 한다. 이 4가지 원인이 모두 작용함으로써 실내 장식을 위한 대리석 조각상이 비로소 존재하게 된다.

4원인	조각상 제작	의미
목적인(Final cause)	실내 장식	조각상을 만드는 목적
형상인(Formal cause)	설계도면	조각상 형상
동력인(Efficient cause)	조각	실제 조각
질료인(Material cause)	대리석	조각 재료

아리스토텔레스의 4원인과 실내 장식을 위한 조각상 제작

이 세상에 존재하는 것들을 우리는 흔히 '자연'과 '인간' 둘로 나눈다. '자연'과 '인간'으로 나누는 기준은 '의지의 존재' 여부다.

먼저 자연은 의지가 없어 기계적이다. 무생물은 물리법칙에 따라 외부의 힘에 의해 기계적으로 움직일 뿐이고, 식물과 일반 동물은 생물학적 생존 본능에 따라 기계적으로 변화할 뿐이다. 의지가 없는 존재는 수동적이다. 물은 높낮이가 있으면 흘러내리고 평평하면 그 자리에 언제까지나 그냥 그렇게 고여 있을 뿐이다. 식물 역시 45억 년이라는 억겁의 시간 동안 이 지구상에서 그냥 생장하고 씨앗을 퍼트려왔고 또 앞으로도 그렇게 지금까지 해왔던 것처럼 생장하고 씨앗을 퍼트려갈 뿐이다. 일반 동물도 마찬가지로 지금까지 이 땅에서 생존하고 번식해왔고 또 앞으로도 그렇게 생존과 번식을 반복해갈 뿐이다. 무생물과 식물 그리고 일반 동물 모두 인간이 존재하지 않는다면 그냥 그렇게 시간의 흐름 속에 내맡겨진 채로 특별한 의미 없이 기계적으로 인과관계를 영원히 이어갈 뿐이다.

인간은 돌이나 꽃, 개와 달리 이성을 가지고 있다. 이성은 스스로 생각하고 판단하고 또 생존 이상의 의미를 추구한다. 생각과 판단 그리고 의미 추구의 결과, 인간은 자신의 의지를 갖는다. 인간에게 이성이 있고 의지가 있다는 것은 다름 아니다. 행동을 할 때 무생물이나 식물 그리고 일반 동물처럼 앞선 원인에 의해 기계적·수동적으로 작용하는 것이 아니라 '목적'에 따라 움직인다는 것이다. 행동을 하는 이유인 '목적'이 먼저 정해진 다음 행동에 나선다는 것이다.

인간이 궁극적으로 추구하는 행복 실현 역시 당연히 '목적'을 갖는 것, 즉 '목적인'으로부터 시작한다. 행복은 자연의 작용원리처럼 기계적으로 사람을 찾아오지도 않고 어느 날 우연히 얻어걸리는 것도 아니다. 의지를 가진 인간이 스스로 목적을 정하고, 그 목적에 이르기 위한 계획을 세워 하나씩 실천에 옮겨 자신을 행복한 상태로 만들어감으로써 행복은 실현된다. 바로 자신만의 '행복 로드맵'을 만들어 그것을 실천에 옮길 때 행복은 비로소 자신의 것이 된다.

행복 로드맵은 4단계로 이루어진다. 바로 아리스토텔레스가 주장한 어떤 결과를 가져오는 데 필요한 목적인·형상인·동력인·질료인 4요인을 모델로 하는 4단계다. 4단계는 자신을 행복하게 할 주요 가치가 무엇인지를 정하는 '목적인' 단계, 그 가치를 얻기 위해 자신이 되어야 할 모습을 정하는 '형상인' 단계, 그 모습이 되기 위해 노력하고 실천하는 '동력인' 단계 그리고 마지막으로 행복 로드맵을 작성하는 자체인 '질료인' 단계다.

아리스토텔레스의 4원인과 행복 로드맵 4단계

4원인	행복 로드맵 4단계	의미
목적인	행복가치	자신을 행복하게 할 행복가치 선택
형상인	직업/취미	행복가치 실현을 위한 직업/취미 선택
동력인	학습&노력	직업/취미를 갖기 위한 학습&노력 선택
질료인	로드맵 작성	행복 로드맵 작성

첫 번째 단계인 '목적인'에서의 목적은 '행복'이 아니다. '행복'

행복은 자연의 작용
원리처럼 기계적으로
사람을 찾아오지도 않고
어느 날 우연히
얻어걸리는 것도 아니다.

은 의식을 하든 의식하지 않든 인간이라면 누구나 바라는 궁극적인 목적이자 인간의 존재 이유다. 곧 '행복'은 사람들 모두의 '공통 목적'이면서 '최상위 가치'이고 또한 '대전제'다. 따라서 사람들 모두에게 공통 목적이자 최상위 가치이자 대전제인 행복을 번거롭고 새삼스럽게 굳이 목적인으로 다시 정할 필요는 없다.

그러면 행복 로드맵에서의 '목적인'은 무엇일까? 사람은 누구나 행복하기를 원하지만 행복을 느끼는 조건은 제각각이다. 어떤 사람은 등 따습고 배부른 상태를 가장 행복해할 것이고 어떤 사람은 머리를 싸매고 무엇인가를 골똘히 생각하는 상태를 가장 행복해할 것이다. 또 어떤 사람은 다른 사람과의 경쟁에서 승리할 때 가장 행복하다고 여길 것이고 어떤 사람은 다른 사람에게 도움을 줄 때 자신이 가장 행복하다고 생각할 것이다. 행복 로드맵에서의 '목적인'은 바로 어떤 한 개인을 행복하게 하는 이러한 가치, 즉 '행복가치Happiness Value'를 말한다.

그런데 사람들이 행복을 느끼는 '행복가치'는 그야말로 천차만별이다. 생김새 차이만큼이나 다양하다. 이 행복 로드맵에서는 사람들이 추구하는 이런 다양한 '행복가치'들을 크게 6가지로 나누어 묶는다. 바로 성공, 무소유, 도덕, 이성, 종교 그리고 감성 6가지 가치다. 앞 편에서 설명한 대로 사람들이 자신의 행복을 위해 추구하는 '행복가치'는 다양하지만 그 가치들은 대체로 이 6가지 범주로 정리된다. 또 지금까지 인류의 스승인 수많은 동서양의 현자들이 사람들에게 권해온 '행복가치'들도 대체로 이 범주 안에 모두 들어온다. 행복 로드맵 설계의 첫 번째 단계인 '목적인' 설정에서는 이 6가지 가치 중 어떤 가치가 자신을 가장 행복하게 할 것인지, 즉 자신의 '행복가치'를 정한다.

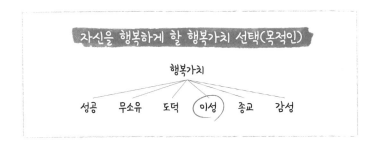

자신을 행복하게 할 행복가치 선택(목적인)

행복가치

성공　무소유　도덕　(이성)　종교　감성

　두 번째의 '형상인' 단계에서는 첫 번째 단계에서 정한 '행복가치'를 얻는 데 가장 적절한 자신의 활동, 즉 '행복가치'를 이루기 위한 '수단'을 정하는 것이다. 수단을 정하는 것은 다름 아닌 자신의 '직업'과 닮고 싶은 '모델'을 정하는 것, 또는 '취미'를 정하는 것이다. 앞의 목적인 단계에서 선택한 가치는 결국 우리가 깨어 있는 동안 가장 많은 시간과 에너지를 투입하는 활동에 의해 얻어질 수 있다.

그런 활동은 사회활동을 하는 청장년층에게는 '직업'이겠고, 사회활동을 벗어난 실버세대에게는 '취미'다. 따라서 청장년층의 경우, 부자로서 성공을 하는 것이 행복이라면 직장생활이 아닌 사업을 선택해야 할 것이고, 이성을 추구하는 삶을 위해서는 지식을 다루는 직업을 선택하는 것이 좋을 것이고, 감성을 추구하는 삶을 위해서는 예술이나 문학 관련 직업을 선택하는 것이 좋을 것이다.

이때 직업 선택과 함께 또 하나 해야 할 것은 선택한 직업을 통해 자신이 추구하는 '행복가치'를 실현했을 때의 자신의 모습을 미리 그려볼 수 있게 하는 것이다. 그것은 바로 자신에 앞서 그러한 직업으로 그러한 가치를 실현해 행복한 삶을 산 이를 모델로 세우는 것이다. 청장년층이 아닌 현역에서 은퇴한 실버세대는 자신의 행복가치에 맞는 '취미'를 선택하면 된다. 도덕이 자신의 행복가치라면 봉사활동과 같은 것을, 이성이 행복가치라면 독서나 학습활동을, 감성이 행복가치라면 악기 연주나 그림 그리기와 같은 것을 자신의 '형상인'으로 정하는 것이다. 나를 행복하게 할 '행복가치'를 알아내고, 그 가치를 실현하는 데 가장 적절한 '직업'과 함께 그러한 가치를 앞서 실현한 자신의 '모델', 또는 '취미'를 정한 단계에까지 이르면, 그것만으로도 우리의 행복 실현 가능성은 이 행복 로드맵 작업을 하기 전에 비해 훨씬 더 높아져 있게 된다.

행복가치 실현을 위한 직업/취미 선택(형상인)

행복가치: 성공   무소유   도덕   (이성)   종교   감성
직업/취미: 사회과학 저술가(모델: 제러미 리프킨)

세 번째 단계인 '동력인'에서는 두 번째 단계에서 자신이 선택한 직업을 갖거나 취미를 즐기기 위해 자신이 해야 할 노력과 학습이 무엇인지를 구체적으로 정하고 실천에 옮기는 것이다. 이 세상에 바람직한 가치 치고 그냥 얻어지는 것은 없다. 자신이 원하는 직업을 갖기 위해, 그리고 그 분야에서 잘하기 위해서는 당연히 자신의 에너지와 시간을 여기에 집중해야 한다.

사업을 하기 위해서는 일찍부터 장사하는 방법을 배우든지 좋은 사업 아이템을 찾기 위해 끊임없이 노력을 기울여야 할 것이고, 교수나 교사 또는 저술가가 되기 위해서는 지식을 쌓고 학위를 받거나 꾸준히 글을 쓰면서 자신의 주장을 발표할 기회를 가져야 할 것이고, 화가나 가수가 되기 위해서는 역시 일찍부터 자신의 감성과 기술 그리고 창의성을 향상시키면서 전문지식과 관련 배경지식을 갖추는 일련의 과정을 밟아야 할 것이다.

취미도 마찬가지다. 취미 역시 제대로 즐기거나 의미 있게 하기 위해서는 어느 정도 이상의 수준에 이르러야 한다. 따라서 자신이 선택한 취미를 잘 습득할 수 있는 최적의 방법을 알아보고 그 방법이 파악되면 다음에는 시간과 노력을 들여 학습을 해야 한다.

'나를 행복하게 할 '행복가치'(목적인), 그 행복가치를 실현하는 데 적절한 '직업'이나 '취미'(형상인)를 정하고 난 다음, 이 '직업'을 갖거나 '취미'를 즐기기 위한 구체적인 '학습과 시간 계획'을 파악해 이것들을 실천(동력인)에 옮긴다. 시작이 반이라 했다. '동력인'의 실천이 시작되는 순간 우리의 삶은 이제 절반의 행복에 이른 것이나 다름없다.

직업/취미를 갖기 위한 학습&노력(동력인)

행복가치: 성공   무소유   도덕   ⟨이성⟩   종교   감성
직업/취미: 사회과학 저술가(모델: 제러미 리프킨)
학습&노력: 독서, 글쓰기, 사회학 전공

네 번째 단계인 '질료인'은 나 자신을 행복의 재료로 내놓는 것이다. 나 자신을 행복의 재료로 내놓는다는 것은 바로 '행복

로드맵'의 작성 및 실천 그 자체를 의미한다. 즉 그냥 막연하게 행복한 삶을 바라던 무계획적·무의지적 태도로부터 벗어나 행복가치를 정하고, 그에 따라 직업이나 취미를 정하고, 이어 직

	_____ 님의 행복 로드맵	
	* 작성일:	
	* 나 이:	

로드맵 선택	나의 행복 계획	로드맵 실행
1. 목적인-행복가치 선택*[1]	이성 행복론	4. 목적인-행복가치 실행
⇩		⇑
2. 형상인-직업/취미 선택*[2]	사회과학 저술가 (모델: 제러미 리프킨)	3. 형상인-직업/취미 실행
⇩		⇑
3. 동력인-학습&노력 선택*[3]	독서, 글쓰기, 사회학 전공	2. 동력인-학습&노력 실행
⇩		⇑
4. 질료인-로드맵 작성	2018년 1월 1일 작성	1. 질료인-로드맵 작성

*1. 6가지 행복론 중 하나(또는 자신이 생각하는 다른 행복가치)
*2. 직업(실버세대는 취미)은 구체적으로 정할 것
*3. 학습&노력은 시간 계획과 함께 구체적으로 정할 것

업이나 취미를 위한 실천 사항을 정해 실천에 들어가는 것이다. 이렇게 함으로써 우리는 자연스럽게 자신을 자신의 행복을 위한 재료, 즉 '질료인'으로 내놓게 된다.

아리스토텔레스의 4요인으로 이루어지는 행복 로드맵 작성은 한 번으로 완성되지 않는다. 해가 바뀔 때마다 정기적으로 몇 차례에 걸쳐 재작성하면서 그 완성도를 높여가야 한다. 그렇게 해야 하는 이유는 자신을 행복하게 할 것이라고 확신했던 행복가치가 달라질 수도 있고, 그 행복가치를 실현하는 수단의 적절성에 대한 판단이 바뀔 수도 있기 때문이다.

행복 로드맵의 재작성은 앞서 작성했던 행복 로드맵을 재검토하는 방식으로 이루어진다. 이런 재작성이 시간차를 두고 몇 차례에 걸쳐 반복되게 되면 그 과정에서 자신이 추구하는 행복가치는 보다 확고해질 것이고 그 행복가치를 이루는 수단과 과정은 보다 정교해질 것이다. 그리고 어느 때가 되면 이제 재작성을 해도 수정할 것이 거의 없는 확신의 단계에 이르게 될 것이다. 이 확신의 단계에 이르면 이때부터 그 행복 로드맵은 자신만의 참 행복 로드맵이 된다. 이때부터는 행복 로드맵에 따라 오로지 매진할 일만 남게 된다.

_____ 님의 행복 로드맵 점검 일지

* 나의 행복가치: _____ 행복론

* 나의 직업/취미: _____

* 행복 로드맵 최초 작성일: _____ 년 _____ 월 _____ 일

* 행복 계획 점검

① 1차: _____ 년 _____ 월 _____ 일

② 2차: _____ 년 _____ 월 _____ 일

③ 3차: _____ 년 _____ 월 _____ 일

④ 4차: _____ 년 _____ 월 _____ 일

⑤ 5차: _____ 년 _____ 월 _____ 일

* 나의 확정 행복가치: _____ 행복론

* 나의 확정 직업/취미: _____

* 행복 로드맵 최종 확정일: _____ 년 _____ 월 _____ 일

행복 로드맵은 인생의 이른 때부터 작성할 수 있다면 당연히 좋다. 그러나 늦으면 늦은 대로 괜찮다. 늦었다고 생각할 때가 이르다고 했다. 인생의 늦은 때에라도 6가지 행복론이 있다는 것 그리고 행복 로드맵이라는 구체적인 행복에 이르는 수단이 있다는 것을 알게 되면, 그것은 6가지 행복론과 행복 로드맵이 있다는 것조차 아예 모르고 지나치는 삶에 비해 분명 행운이다.

무엇이 나를
가장 행복하게 할 것인가

목적인 - 행복가치 선택

⋛ 고등학교 수학 선생님의 한탄
_ 심사숙고 없는 선택의 오류

고등학교 때 수학을 가르치던 선생님이 수업 중에 한번은 자신의 친구 이야기를 꺼냈다. 고등학교 동기인 친구가 농수산부 장관이라는 것이었다. 전날 저녁 TV 뉴스에 자신의 친구가 나왔는데 많이 부러웠다는 것이다. 그러면서 친구는 장관인데 자신은 선생이 되어 여기서 수학을 가르치고 있다고 한탄했다. 학생 입장에서 무어라고 콕 집어 말하기는 어려웠지만 듣기에 불편했다. 선생님의 심정에 일부 공감이 가면서도 다른 한편으로는 무엇인가 잘못되었다는 생각을 했다. 그러면서 안됐다는 생각보다 평소와 달리 선생님이 많이 왜소해 보인다는 느낌이 들었다.

강남 소재 고등학교에서 선생님 대상 인문학 특강 요청이 왔다. 주제를 무엇으로 할까 고민하다가 '인간은 행복할 수 있는가?'로 정했다. 삶에 있어 가장 중요한 주제가 행복이고 행복을 막연하게 생각하기보다 인문학적으로 한번쯤 깊이 따져보는 것도 좋을 것이라는 생각에서였다. 그리고 무엇보다 현장에서 청소년 교육을 담당하고 있는 선생님들이라 이 분들을 통해 청소년들에게 일찍부터 자기 나름대로의 '의미 있는 행복론'을 한번 따져볼 수 있는 기회를 제공할 수 있겠다는 생각 때문이었다.

강의 중간 쉬는 시간에 몇몇 선생님들과 대화를 나눴다. 요즘 20대들이 최고의 직업 중 하나로 꼽는 것이 교사직이라는 이야기를 들은 기억도 있어, 선생님들은 정년까지 일할 수 있고 또 퇴직 후에도 적지 않은 연금이 나와 좋으시겠다고 말했다. 그랬더니 선생님 중 한 분이 평생 단 한 번도 시원스럽게 돈도 써보지 못하고 근근이 살아가는 것이 선생님이라고 하면서, 지인들 중 부자로 사는 이들과 자신의 삶을 이것저것 비교했다. 말뿐만이 아니라 얼굴 표정에서까지 그 쓸쓸함이 묻어나왔다.

스스로 교사의 길을 선택했으면서 장관직이나 부자의 삶을 부러워하는 것은 수학만 열심히 공부하면서 영어시험 만점을 받은 친구를 부러워하고, 골프를 정식으로 배우거나 최소한 열심히 해본 적도 없으면서 최경주 선수의 골프 실력을 부러워하는 것과 같다. 수학을 열심히 공부하는 것과 영어 점수가 잘 나오는 것은 별개이고 어쩌다 주말에 한 번씩 친구들과 골프를 치는 것으로는 최경주 선수가 될 수 없는 것처럼, 교사라는 직업역시 장관직이나 부자와 거의 인과관계가 없다. 고등학교 때는 논리적으로나 경험으로나 아직 견고하지 못해 장관인 친구와자신을 단순 비교하며 한탄을 하는 선생님의 말씀에 일부라도공감을 보냈다.

하지만 인과관계의 단순한 이치를 터득하고도 남을 지금의성인이 되어서는 논리적으로나 현실적으로 앞뒤가 맞지 않는,특강 자리에서의 그 선생님의 입장에 대해 일말의 공감도 할 수없었다. 자신의 의지로 교사직을 선택했으면 한정된 생활의 안정 속에서 꾸준히 공부하고 또 자신의 지식을 학생들에게 잘 전해주는 데서 행복을 느끼는 '이성 행복론'까지 세트로 받아들였어야 했다. 부富가 진정 자신을 행복하게 할 것이라고 생각했다면 사업을 선택하든지, 최소한 교사의 길은 선택하지 않았어야했다. 잘못된 선택이, 비논리적 직업관이 스스로를 불행하게 만들고 학생들에게도 좋지 못한 영향을 끼치고 있는 것이다.

행복 로드맵 작성은 '행복가치' 선택에서부터 시작한다. 그리고 그 '행복가치'는 곧바로 자신의 행복론이 된다. 행복가치는 무한히 존재한다. 이 세상에 존재하는 사람 수만큼이나 많다. 그러나 이 행복 로드맵에서 제시하는 행복가치는 6가지다. 바로 '성공', '무소유', '도덕', '이성', '종교' 그리고 '감성'이다. 물론 사람에 따라 자신을 행복하게 하는 가치가 이 6가지 범주를 벗어날 수도 있다. 그 가치가 '폭력'이라든가 '사회 파괴'라든가 하는 반사회적, 반인륜적 가치가 아니라면, 그런 사람 역시 이 행복 로드맵의 틀에 따라 자신이 추구하는 행복가치를 '목적인'으로 삼고 이 책의 안내대로 행복 로드맵을 설계해나가면 된다.

단, 6가지 행복가치를 벗어난, 자신이 추구하는 그 가치에 대해서는 이 책의 앞 편에서 6가지 행복론 각각에 대해 따져본 것처럼 현실적·구체적으로 그 가치의 의미와 한계를 진지하게 따져보는 작업을 별도로 해야 한다. 그런 가치의 의미와 한계를 따지는 작업이 선행되지 않으면 행복 로드맵을 작성해 실행에 옮기고 난 뒤 예상치 못했던 문제 발생으로 행복 로드맵 설계를 처음부터 다시 해야 하거나 살아온 삶을 크게 후회하는 일이 생길 수도 있기 때문이다.

'목적인-행복가치 선택'은 6가지 '행복가치' 중 어느 하나를 나의 '행복가치'로 선택하는 작업이다. 뷔페식당을 갔을 때 먼저 어떤 음식들이 있는지를 둘러보면서 살펴보는 것처럼, 6가지 '행복가치'를 살펴보는 것으로부터 시작한다. 그리고 난 다음, 음식을 접시에 담기 전 자신의 건강 상태와 의사선생님의 주의사항을 떠올리듯, 행복에 대한 자신의 생각과 주변의 조언, 자신의 신체적·정신적 특성 등을 고려한다. 그리고 마지막으로 6가지 '행복가치' 중 하나를 자신의 '행복가치'로 선택한다.

사람들은 이 행복 로드맵을 만나기 전에도 나름대로 모두 자신의 행복론을 가지고 있다. 그러나 그 행복론은 적지 않은 경우 자의적인 행복론이기 쉽다. '자의적'이라고 말하는 이유는 그 행복론들이 구체적·계획적·체계적으로, 즉 이성적으로 진지하게 따져본 행복론이 아닐 가능성이 높다는 이야기다. 익숙함이나 느낌 또는 일시적 흥분에 의해 갖게 된 행복론이라면 상황 변화에 따라 수시로 바뀐다. 그 행복론의 의미나 문제점 그리고 장기적으로 치러야 할 노력이나 고통 등이 사전에 충분히 고려되지 않았다면 당연히 그럴 수밖에 없다. 그런 행복론은 자신의 진정한 행복론이 될 수 없다.

우리는 대부분 자신의 '행복가치'가 무엇인지 잘 알고 있다고 생각한다. 그러나 사실은 생각만큼 자신의 '행복가치'를 그렇게 잘 알지 못한다. 한참을 살고 난 뒤에야, '아! 이렇게 사는 것이 아니었는데', '다시 삶을 산다면 절대로 이렇게 살지 않을 거야'

하고 후회하는 이들을 주변에서 쉽게 찾아볼 수 있는 것이 바로 그 증거다.

자신의 '행복가치', 즉 '무엇이 나를 행복하게 할 것인가?'라는 질문은 현실적이면서도 철학적이고, 자기 편의주의적이면서도 의무적이고, 감각적이면서도 이성적이고, 찰나적이면서도 지속적이고, 일반적이면서도 개별적이다. 한마디로 '무엇이 나를 가장 행복하게 할 것인가?'라는 질문에 대해서는 다양한 수단과 숙고를 통해, 그리고 시간을 두고 지속적으로 자답自答해보지 않으면 안 된다.

⤴ 나의 행복가치 선택하기
_ 6가지 행복론과 현실적 한계

행복 로드맵 작성에서 '목적인-행복가치 선택'은 6가지 행복론 각각의 의미와 한계를 알아보는 것으로부터 시작한다. 먼저 앞서 알아본 행복론 각각의 의미와 한계를 간단히 정리한다.

성공 행복론은 글자 그대로 성공을 추구하는 행복론으로, 성공했을 때 가장 크게 행복을 느끼는 행복론이다. 여기에서 성공을 추구하고 또 성공했을 때 가장 크게 행복을 느낀다는 것은 절대적이라기보다 상대적이다. 즉 다른 5가지 행복론에서 추구하는 무소유, 도덕, 이성, 종교 그리고 감성과 같은 가치들에 비해 성공에 더 큰 의미를 둔다는 것이지 오로지 성공만 추구한다는 이야기가 아니다. 다른 가치들에서도 행복을 느끼지만 성공 실현에서 가장 큰 행복을 느끼는 경우다.

성공 행복론은 여러 가지 측면에서 인간의 속성 및 사회 발전 원칙과 잘 어울린다. 인간의 보편적 속성인 '이기주의', 인간의 궁극적 존재 의미인 '자기 실현 욕구', 개인의 이익 추구가 곧 사회적 이익으로 연결되는 '보이지 않는 손'의 '자본주의 메커니즘'과 매우 잘 어울린다. 6가지 행복론 중 인간의 기본 속성과 존재 의미 그리고 자본주의와 궁합이 가장 잘 맞는 행복론은 당연히 이 성공 행복론이다. 현실에서 우리가 '행복' 하면 가장 먼저 물질적 풍요를 생각하고 성공을 떠올리는 것도 바로 이런 성공 행복론과 인간·자본주의의 속성 간의 잘 어울리는 궁합 때문이다. 따라서 성공 행복론을 가장 보편적인 행복론으로 여기는 것은 자본주의 사회 환경에서 어쩌면 당연하고 매우 자연스럽다.

그러나 성공 행복론은 현실에서 여러 가지 한계도 지닌다. 성공 행복론의 가장 결정적인 문제는 다른 행복론들은 모두 행복을 '상태'인 '진행형'으로 인식하는 데 반해 성공 행복론은 '결과'인 '완결형'으로 인식하는 경향이 있다는 것이다. 삶은 본질적으로 상태이고 진행형이지 결과, 완결형이 아니다. 시험에 합격하는 순간, 복권에 당첨되는 순간과 같이 가끔 삶이 '결과', '완결형'인 것처럼 보일 때도 있지만, 그것들 역시 지나고 난 뒤 뒤돌아보면 사실 모두 '상태'이고 '진행형'이었을 뿐이다. 따라서 성공을 '상태'가 아닌 '결과', '진행형'이 아닌 '완결형'으로 인식하게 되면 성공 행복론은 현실에서 신기루를 좇는 행복론이 되고 만다. 살아가는 동안 몇몇의 순간만 행복할 뿐 대부분의 시간은 무의미해지고 말 것이기 때문이다.

무소유 행복론은 욕심과 필요를 줄이고 간소한 삶을 사는 데서 행복을 찾는 행복론이다. 법정 스님의《무소유》는 많은 사람들에게 울림을 주었다. 속도만을 중요시해온 현대인들에게 방향을 생각하게 하고, 축적의 만족만을 생각하고 살아온 이들에게 비움의 편안함을 생각하게 했다.

그러나 무소유 행복론은 현실에서 많은 한계를 지닌다. 바로 인간의 이기주의와 현실 삶에서의 물질적 필요 때문이다. 의지로 욕심과 필요를 줄인 간소한 삶을 다짐하지만 이기주의라는 인간의 본능까지 줄이기는 쉽지 않다. 사람들은 무소유를 지향한다면서 '기대치'는 그대로 둔 책 '노력'만을 줄일 때가 많다. 그렇게 되면 무소유 행복론은 오히려 행복과 반대 방향으로 가게 된다. 만족 행복공식(만족=결과/기대, 결과=노력)을 따져보지 않은 결과다.

기대치를 줄인다 하더라도 여전히 문제는 남는다. 도시에서 생계·자녀양육·최소한의 문화생활을 유지하는 데 적지 않은 물질이 필요하다. 무소유를 위해 기대치를 줄이고자 해도 현실에서 더 줄이고 말고 할 것이 없는 이들이 대부분이다. 결국 무소유 행복론은 도시를 떠나 물질을 덜 필요로 하는 이들, 스님이나 신부님처럼 부양가족이 없는 이들 그리고 기대치를 낮출 만한 물질적 여유를 가지고 있는 일부에 한정되기 쉽다.

도덕 행복론은 칸트의 도덕 본능이나 맹자가 주장하는 호연지기, 대장부, 양지·양능 또는 군자삼락 개념에서와 같이 도덕적인 행동을 함으로써 마음의 평화를 얻는 행복론이다. 행복이 마음의 평화라 한다면 행복에 이르는 유일한 길은 도덕 행복론이다. 종교 행복론 역시 도덕적 행위가 배제된다면 거기에는 신기루 같은 맹목적 마음의 평화만 남을 뿐이다. 맹목적 마음의 평화는 이성이 눈을 번쩍 뜨는 순간 언제든지 안개처럼 사라지고 만다. 도덕 행복론은 개인에게 마음의 평화를 가져다주는 동시에 그 이상의 사회적 평화를 가져온다. 즉 도덕 행복론은 개인에게 행복을 가져다주지만 사회에게는 개인 본인에게 주어지

175

는 행복 그 이상의 큰 행복을 제공한다.

도덕 행복론은 개인의 자존감을 높인다. 개인의 자존감을 높이는 유일한 행복론이 도덕 행복론이다. '스스로를 높이는', 즉 인간에게 자존自尊의 유일한 수단이 바로 도덕이기 때문이다. 명예나 부에 의한 자기 평가는 다른 이들과의 비교에서 비롯된 것으로 더 높은 명예나 부가 나타나면 언제든지 상처받을 수 있지만, 도덕적 행위로 인해 갖게 되는 자존감은 희생을 감수하면서 스스로 올바른 것을 선택한 자신 스스로에 대한 존중이기 때문에 외부 환경에 의해 바뀌지 않는다.

도덕 행복론을 추구하는 이들이 많아지면 그 사회는 품격 있는 사회가 된다. 개인의 자존감이 높고 사회의 품격이 높아지면 그 사회는 사실 천국에 가까워진다. 돈이나 능력이 아닌 도덕으로 인간의 값어치를 매기는 사회에서는 최고의 가치가 도덕이기 때문이다. 언제 어디서나 사람들은 서로 도덕적인 행동을 하지 못해 안달을 낸다. 천국이 될 수밖에 없다. 당연하다 사람들 모두가 천사이니까.

그러나 도덕 행복론 역시 다른 행복론들처럼 현실에서 한계를 지닌다. 이익을 얻기 위한 지능적 수단으로 도덕적 행동을 취하거나 심지어 도덕을 가장하는 이들이 많은 비도덕적 사회일 경우, 도덕 행복론자는 기대했던 만큼의 행복을 누리기 어렵다. 위선이 횡행하는 사회에서는 진정한 도덕도 위선된 행동으로 취급되기 쉽고 때로는 고도의 위선이 참된 도덕으로 받아들여지기까지 한다. 또한 도덕 행복론자들이 일방적으로 계속해서 도덕적 희생을 요구받기도 한다. 이런 상황에서는 자신의 의지에 맡겨져야 할 도덕적 행위가 외부의 압력에 강제되게 된다. 도덕이 더 이상 도덕으로 온존할 수 없다. 도덕 행복론 자체에 대한 회의가 들기 쉽다.

두 번째로는 도덕 개념 자체가 안고 있는 문제다. 바로 도덕적 행위의 기준이 절대적일 수 없다는 것이다. 도덕적인 사람이든 도덕적이지 않은 사람이든 거의 모든 사람들은 인간이 도덕적이어야 한다는 데 동의한다. 그러나 '어떻게 행동하는 것이 도덕적이냐?' 하는 구체적인 단계에 이르면 도덕적인 사람들 간에도 의견이 갈린다. '악마는 디테일에 숨어 있다Devil is in the details'는 말처럼, 원론에서는 일치하지만 각론에서는 언제든지 입장이 다를 수 있다. '구체적 행위'에 대해 얼마든지 다른 견해가 나올 수 있다. 심지어는 정반대의 입장으로 대립할 수도 있다.

'무엇이 도덕이냐?' 하는 도덕 여부를 판단하는 기준에는 대체로 크게 두 가지 입장이 존재한다. 바로 '우리에게 얼마나 이익이 되는가?'를 옳음의 기준으로 삼는 묵자(墨子, BC480?~BC390?), J. 벤담(1748~1832)의 공리주의功利主義, Utilitarianism와 '무엇이 옳고 그

른가는 이미 우리가 알고 있다'는 입장의 맹자, 왕양명(1472-1529)
또는 칸트의 의무론義務論, Deontology이다. 공리주의는 한 사람만
존재한다면 그 한 사람, 한 민족이 존재한다면 그 한 민족 또는
한 국가가 존재한다면 그 한 국가 전체를 한 단위로 가장 이익
이 되는 것(선택)이 그 한 사람, 그 한 민족 또는 그 한 국가의 법
이 되고 도덕이 된다는 입장이다. 의무론은 올바른 행위, 도덕
이 무엇인지를 우리는 이미 선천적으로 알고 있으며 우리는 그
것을 따라야 한다는 입장이다.

'무엇이 도덕이냐?' 또는 '어떻게 행동하는 것이 도덕적이냐?'
를 결정하는 데 공리주의와 의무론 간에 차이가 있지만 현실에
서 양자 간의 접점이 전혀 없는 것은 아니다. 사실 현실에서 발
생하는 대부분의 일들은 자신의 '양심'에 물어보는 것만으로도,
즉 '의무론'적 입장만으로도 충분히 도덕 여부를 결정할 수 있
다. 그리고 '양심'만으로는 결정할 수 없는 '도덕적 행위 간의 불
가피한 채택' 또는 '비도덕적 행위 간의 선택적 포기'와 같은 상
황은 공리주의로 해결할 수 있다. 그렇게 되면 공리주의와 의무
론은 대립적 관계라기보다 보완적 관계가 된다.

이성 행복론은 '이성'적인 삶을 삶으로써 '행복'을 느끼는 행
복론이다. 이성적인 삶은 자신의 행복 계획을 '이성'적으로 세우

는 것과 이성의 깊이를 더하는 삶을 사는 것 두 가지 모두를 포함한다. 인간은 불완전하기는 하지만 다른 피조물들과 달리 이성적 존재다. 따라서 이성 행복론은 당연히 가장 인간적인 행복론으로 여러 가지 의미를 지닌다.

먼저 이성 행복론은 사람들이 균형적이고 주체적인 삶을 살수 있도록 한다. 이성은 논리와 사실을 중요시한다. 따라서 이성 행복론에서는 행복 설계를 할 때도 생애행복총량이 최대가 될수 있도록 논리와 사실에 바탕해 균형적으로 계획을 세우고, 균형적으로 행복 계획을 세운 만큼 계획 이후 어떤 도전적인 상황이 발생하더라도 쉽게 흔들리지 않고 주체적인 삶을 살 수 있다.

두 번째로 인간은 육체와 감각을 가진 이상 먹을 것과 감각적 쾌락을 추구하지 않을 수 없다. 그러나 먹을 것과 감각적 쾌락이 필요 이상으로 넘치게 되면 이때부터 사람들은 공허함을 느낀다. 인간은 육체적인 존재이지만 동시에 이성적 존재이기 때문이다. 따라서 인간의 궁극적 행복은 육체적 충족이 아닌 정신적 풍요에 있다. 의식주가 생존 가능한 수준을 넘어서면 이때부터 행복의 조건은 물질에서 정신의 영역으로 넘어간다는 이야기다.

가장 인간적인 행복론이지만 이성 행복론 역시 현실에서 한계를 지닌다. 그 한계는 다름 아닌 이성 이외에 또 하나의 인간

속성인 육체와 우리를 둘러싼 자본주의 환경에서 비롯된다. 인간의 육체는 때가 되면 먹어주고 쉬어줘야 한다. 그리고 인간의 육체는 생존 이상의 감각적 쾌락을 추구한다. 생존과 감각적 쾌락의 추구는 이기주의와 게으름을 낳는다. 그런데 이성은 정신적 '의지'이지만 이기주의와 게으름은 육체적 '본능'이다. 의지가 본능을 이기기 쉽지 않다. 이성 행복론 추구가 쉽지 않은 첫 번째 이유다.

이기주의와 게으름 못지않게 이성 행복론을 방해하는 또 다른 원인은 자본주의 환경이다. 자본주의에서는 선善의 기준이 생산성이다. 분업화된 경쟁 환경에서 자신의 노동력을 고도의 생산성으로 무장하지 않으면 생존할 수 없고, 사회적 인정도 받기 힘들다. 생존이 위협받고 자신을 인정하는 이가 없는 상황에서의 이성 행복론 추구는 아무리 인간적인 행복론이라 할지라도 너무나 고독하다. 이성 행복론의 길을 걷다가도 좌절하거나 자꾸만 좌우로 눈길을 돌리는 이유다.

종교 행복론은 신을 모시는 직업을 갖거나 종교적 생활에 집중함으로써 행복을 느끼는 행복론이다. 인간은 유한하다. 언젠가는 모두 죽는다. 살아있는 동안 자신의 삶을 자신의 노력으로 스스로 만들어갈 수 있지만 죽은 뒤에는 자신이 통제할 수 없음은 물론 사후세계가 어떤 상태인지, 아니 사후세계가 과연 있기나 한지조차 알 수 없다. 종교는 필연적 고통인 이 죽음과 죽음 이후 세계에 대한 두려움을 없애준다.

또한 종교 행복론은 사람들이 자신의 삶을 충실하게 살도록 한다. 인간이 거스를 수 없는 어떤 존재가 있다는 것을 인정하는 것은 곧 그 존재의 뜻을 충실하게 좇는다는 것을 의미한다. 절대자가 인간에게 주는 메시지는 기본적으로 선한 행동이다. 한마디로 '착하게 살고 열심히 살라'다. 진정으로 신을 따르고 종교의 가르침을 좇는다면 그 사람의 삶은 당연히 충실한 삶이 될 수밖에 없다.

또한 종교 행복론은 사회적 행복 증진에 도움이 된다. 자본주의 사회는 생산성이 지상가치고 돈이 사람을 부리는 사회다. 사람들은 황금만능의 물질주의로 빠져든다. 육체는 기름져 번들거리지만 정신은 메말라 비틀어져간다. 이때 여위어가는 정신의 정수리에 재생의 맑은 샘물을 붓는 역할을 담당하는 것이 바로 종교다. 물론 이때 종교는 제대로 된 올바른 종교를 말한다.

종교 행복론 역시 한계를 지닌다. 먼저 실천하는 종교인, 진정한 믿음의 종교인으로 산다는 것이 쉽지 않다는 것이다. 진실한 종교인으로 살고자 하면 한편으로 신의 품 안에서 행복을 느끼면서도 다른 한편으로는 삶의 현실에서 끊임없이 번민할 수밖에 없다.

두 번째로는 종교의 가르침이 개인의 성장, 사회의 발전과 부딪힐 수 있다는 것이다. 종교공동체에 따라서는 아직도 중세주의적 신 절대주의를 고수하는 곳이 있다. 중세주의적 신 아래에서 인간은 한 마리 작은 어린 양이 되고 만다. 불완전하나마 신으로부터 부여받은 이성을 사용하는 것이 종종 불선不善으로 취급받기 때문이다. 이성 활용에 대한 부정적 태도는 결과적으로 사회 발전도 부정하는 셈이 된다. 그것은 비인간적이고, 인간에게 이성을 심어준 신의 의도에도 크게 어긋나는 일이다.

세 번째로는 종교에 대한 지나친 치우침이 삶의 균형을 깨트릴 수 있다는 것이다. 건강한 가족공동체 유지를 방해하는 종교활동, 생업 유지를 어렵게 하는 종교활동은 결과적으로 종교의 자기 부정이 되고 만다. 신이 종교가 있게 했다면 그것은 인간을 살리기 위한 것이지 인간을 못살게 굴기 위한 것이 아니다. 인간의 삶의 기본 단위는 가족이고 생존을 위한 기본 조건은 생업 유지다. 가족이 없고 생업이 없으면 종교 역시 그 의미가 약화되거나 유지될 수 없다.

감성 행복론은 예술이나 문학의 창작, 또는 예술이나 문학작품의 감상과 같은 감성활동에서 행복을 느끼는 행복론이다. 감성 행복론은 여러 행복론 중에서 가장 자연스럽다. 시각, 청각, 후각, 미각, 촉각과 같은 감각을 통해 있는 그대로 느끼는 데서 오는 행복이기 때문이다. 또한 감성 행복론은 사람이나 사회가 이성으로 지나치게 기울지 않도록 균형을 제공하는 역할을 한다. 공자의 '감성이 이성을 압도하면 야만스럽고 이성이 감성을 압도하면 융통성이 없어진다. 이성과 감성이 적절히 잘 섞인 뒤에야 우리는 그를 군자라 한다'[65]는 말이나, 니체의 '아폴론과 디오니소스'[66]로 표현되는 '질서'와 '도취'의 균형은 바로 '이성'과 '감성'이 균형을 이룰 때 사람이든 작품이든 바람직하다는 것을 의미한다. 사회도 마찬가지다. 이성에 너무 치우치면 질서는 있으나 경직될 것이고, 감성에 너무 치우치면 여유는 있으나 예측이 어렵게 될 것이다. 물론 이성과 감성의 균형은 감성으로만 너무 기울어서도 안 된다는 의미이기도 하다.

감성 행복론은 크게 두 가지 형태로 이루어진다. 예술 또는 문학 활동을 자신의 생업으로 삼는 것과 그것들을 취미로 하는 것이다. 예술 또는 문학 활동을 취미로 하는 것은 자신의 형편에 맞춰서 하면 된다. 따라서 특별히 문제될 것이 없다. 그러나 예술 또는 문학 활동을 본업으로 하는 데는 몇 가지 문제가 따른다.

먼저, 예술·문학으로 생계를 유지하기가 쉽지 않다. 그런 반면에 예술·문학을 잘하기 위해서는 노력도 노력이지만 그 전에 감수성이나 창의성과 같은 타고난 소질이 매우 중요하다. 지문을 바꿀 수 없듯이 육체와 관련된 감성인 만큼 후천적 노력으로 감성을 향상시키는 데는 한계가 있다는 이야기다.

경험, 사람, 그리고 자기 자신

6가지 행복론 각각의 긍정적 의미와 현실에서의 한계를 살펴보았다면, 그 다음은 자신의 행복가치, 즉 '무엇이 나를 가장 행복하게 할 것인가?'를 알아볼 차례다. '무엇이 나를 가장 행복하게 할 것인가?'라는 질문은 간단치 않다. 앞에서 이야기한 것처럼 현실적이기도 하면서 철학적이고, 자기 편의주의적이면서도 의무적이고, 감각적이면서도 이성적이고, 찰나적이면서도 지속적이고, 일반적이면서도 개별적이다.

얼추 생각하면 그냥 놀고먹는 것이 자신을 가장 행복하게 할 듯하다. 하지만 막상 그런 환경에 한동안 놓이게 되면 지겨워서 고통스러워하는 것이 인간이다. 인간은 하늘의 별과 같이 높은 이상을 좇으면서 행복해한다. 하지만 그러면서도 현실의 명리_{名利}에 눈을 떼지 못하고 끊임없이 갈등하고 고통스러워하는 것이 또한 인간이다.

인간의 행복 조건이 복잡한 것은 다른 이유가 아니다. 바로 일반 동물처럼 육체를 가지고 있으면서 동시에 신처럼 이성을 가지고 있기 때문이다. 만일 인간에게 이성은 제외하고 육체만 부여되었다면 인간은 당연히 어느 동물들처럼 그냥 놀고먹는 것을 가장 행복한 상태로 여길 것이다. 그리고 영원히 그 마음도 변함이 없을 것이다. 그러나 생각하는 기능인 이성은 무엇인가 의미를 추구하지 않으면 견디지를 못한다. 즉 이성적 존재는 의미 없는 삶에서 결코 행복을 느낄 수 없다.

따라서 동물과 신의 결합 형태로 육체와 이성을 함께 지닌 인간은 어떤 때는 놀고먹는 상태를 최고의 행복으로 여기다, 또 어떤 때는 아무런 실체도 없는 이상을 좇아 생명을 던지면서까지 그것을 행복으로 여기기도 한다. 육체가 추구하는 것이 현실적·자기 편의주의적·감각적·찰나적·일반적인 것이라면, 이성이 추구하는 것은 철학적·의무적·이성적·지속적·개별적이다. 이런 이유로 사람들은 진정 자신을 행복하게 하는 것이 무엇인지 확신하기 쉽지 않고, 나름대로 확신하더라도 지속되기가 힘들다.

그렇다면 자신의 행복 가치를 어떻게 찾아낼 것인가? 그것은 바로 세 가지를 통해서다. 경험, 사람 그리고 자신이다.

첫 번째는 상황과의 만남, 즉 경험을 통해서다. 어느 한 분야에서 성공을 이룬 이들을 보면 적지 않은 경우 그 일을 하게 된

계기가 어떤 상황과의 우연한 만남이다. 골프 선수 최경주는 고등학교 때 줄을 잘 서서(?) 우연히 골프에 입문하게 되었고, 영화감독 김기덕은 우연히 보게 된 영화진흥공사 시나리오 공모전 광고가 그를 영화의 길로 들어서게 했다.

경험에는 간접적 경험과 직접적 경험이 있다. 간접적 경험은 책 등을 통해 다양한 사람들의 삶과 직업 그리고 환경들을 간접적으로 만나보는 것이다. 직접적 경험은 여행이나 방문을 통해 사람들의 삶과 직업 그리고 환경을 직접적으로 만나보는 것이다. 간접적 경험은 적은 비용과 시간으로 다양한 만남을 가질 수 있으나 느낌과 영향력이 강하지 않고, 직접적 경험은 느낌과 영향력은 강하지만 비용과 시간이 많이 든다.

최경주 선수가 만약 고등학생 때 골프를 만나지 않았더라면 어떻게 되었을까? 김기덕 감독이 33세 때 시나리오 공모전 광고를 보지 않았더라면 어떻게 되었을까? 물론 두 사람 모두 다른 기회에 골프를 만나고 영화를 만나 지금처럼 세계적 골프 선수, 세계적 영화감독이 되어 있을 수도 있다. 그러나 확률적으로 볼 때 그렇게 되기보다는 그렇게 되지 않았을 확률이 훨씬 더 높다고 보는 게 상식적이다.

반대로 생각해볼 수도 있다. 내가, 여러분이 만약 최경주 선수처럼, 김기덕 감독처럼 두 사람의 그 나이에 우연히 골프를 만나고 시나리오 공모전 광고를 보았더라면 어떻게 되었을까? 지금의 두 사람처럼 될 확률이 높지는 않겠지만 그렇다고 그렇게 될 확률이 아예 없다고 장담할 수는 없다. 그런 상황을 만나지 못함으로써 김연아가 되지 못하고, 저커버그가 되지 못하고, 한강이 되지 못하고 또 이세돌이 되지 못한 이들이 얼마든지 많이 있을 수 있다.

부모가 자녀에게 줄 수 있는 가장 큰 선물이라면 그것은 바로 다양한 만남의 기회 제공이다. 책을 통해서든지 여행을 통해서든지 만나고 경험하고 느낄 수 있는 기회를 제공하는 것이 곧 자녀로 하여금 자신의 삶을 스스로 만들어갈 수 있는 힘과 재료를 갖도록 하는 것이다. 만나고 경험하고 느끼는 과정에서 자신의 행복가치를 자연스럽게 스스로 찾아낼 수 있다.

물론 직간접의 다양한 만남은 어린 자녀에게만 필요한 것이 아니다. 20대, 40대는 당연하고 60대라 할지라도 아직 자신이 자기 인생의 주인이라고 생각한다면 누구나 다양한 직간접의 만남에 탐닉해야 한다. 자신의 삶을 더 행복하고 풍요하게 해줄 새로운 것이 자신을 기다리고 있을 터이니.

두 번째는 자신의 생각과 주변의 조언을 통해서다. 변호사나 의사와 같은 전문직들을 보면 적지 않은 이들이 부모 중 어느 한쪽이 같은 분야의 전문직이다. 자녀의 직업 결정에 부모의 영향이 적지 않다는 의미다. 그런가 하면 어렸을 때 선생님의 지나가는 칭찬 한마디가 지금 자신의 직업을 결정했다고 말하는 이들이 많다. 선생님의 우연한 말 한마디가 한 사람의 삶을 결정한 것이다.

경험 못지않게 사람들의 삶의 방식이나 직업 결정에 크게 영향을 미치는 것이 주변 사람들의 말이다. 어렸을 때는 부모나 선생님, 성인이 되어서는 친구를 비롯한 자신이 자주 만나는 지인들의 말이다. 자신을 가장 잘 아는 사람은 자신이기도 하지만 또한 자신과 가장 가까운 주변 사람들이기도 하다. 내가 나 자신을 주관적으로 잘 알고 있다면, 주변 사람들은 나를 좀 더 객관적으로 잘 알고 있다. 따라서 한 사람의 인생관과 성품, 직업 등에 가장 크게 영향을 미치는 사람은 첫 번째는 당연히 나 자신이고 그 다음은 나와 가까운 이들이다.

자신의 행복가치, 즉 '무엇이 나를 가장 행복하게 할 것인가?'를 정할 때 가장 중요한 것은 당연히 먼저 내 생각이다. 그것은 어려서나 성인이 되어서나 마찬가지다. 어렸을 때부터 자신의 생각이 무엇인지를 끊임없이 고민해야 성인이 되어서도 자신의 생각이 무엇인지 알 수 있다. 어느 날 갑자기 성인이 되는 것도 아니고, 어느 날 갑자기 자신의 생각이 정립되는 것도 아니다. 따라서 미성년이나 성인이나 앞에서 말한 여러 간접적·직접적 경험들을 통해 자신이 좋아하는 것이 무엇인지, 자신을 행복하게 하는 것이 무엇인지 스스로 진지하게 고민해야 한다.

이때 미성년의 경우 더불어 필요한 것이 부모와 선생님 등 가까운 성인들의 아이에 대한 주의 깊은 객관적 관찰과 긍정적 조언이다. 부모의 태도, 선생님의 말 한마디가 한 사람의 삶 전체를 결정한다는 것은 사실 특별한 사례가 못된다. 그런 사례가 너무 많아 차라리 일반적이다. 따라서 부모나 선생님의 아이에 대한 태도나 조언은 '주의 깊은' '객관적' 관찰에 바탕한 '긍정적'인 것이어야 한다. '무관심'하거나 '매우 주관적'인 잘못된 관찰에 바탕한 태도나 말은 아이의 인생을 덜 적절한 방향으로 안내할 수 있고, '긍정적'이지 못한 태도나 말은 아이에게 관심과 노력 대신 좌절이나 죄의식을 불러일으킬 수 있다.

성인의 경우 역시 자신의 행복가치를 알기 위해서는 스스로 고민하는 동시에 주위의 조언을 들을 필요가 있다. 스스로 고민을 할 때는 특히 지금까지 살아온 자신의 삶을 주의 깊게 반추해 보아야 한다. 의식하지는 못했지만 지금까지 살아오는 과정에서 자신을 행복하게 할 진정한 행복가치가 희미한 기억 속 어딘가에 흔적을 남기고 있을 수 있다. 결혼한 이라면 주위의 조언 중 제일 중요한 것이 배우자로부터의 조언이다. 자신과 가장 많은 시간을 보낸 이고 같은 입장이면서도 상대적 관계로, 그를 잘 알면서도 자신보다 좀 더 객관적으로 파악할 수 있기 때문이다.

세 번째는 자신의 적성과 의지를 통해서다. 사람들은 흔히 적성에 맞는 일을 하면 행복할 것이라고 말한다. 적성의 사전적 의미는 '어떤 일에 알맞은 성질이나 적응 능력, 또는 그와 같은 소질이나 성격'이다. 적성에 맞는 일을 하면 다른 이들보다 그 일을 더 잘할 수 있고, 그렇게 되면 경쟁력이 있으므로 적성에 맞지 않은 일을 하는 경우보다 더 행복해질 가능성은 있다.

그러나 엄밀히 말하면, '어떤 일에 알맞은 성질이나 적응 능력, 또는 그와 같은 소질이나 성격'은 어떤 일에 대한 '현재'의 '더 높은 생산 가능성'을 말할 뿐이지 그것이 곧 행복과 동의어는 아니다. 또 적성 자체도 집중적인 학습과 훈련 그리고 본인의 관심과 집중도에 따라 계속 달라지는 것으로 고정적이지 않다. 사람의 미래에 대한 꿈이나 희망은 기본적으로 적성이나 현실의 구속을 받지 않는다. 이성이 있고 상상력이 있는 이상 자신의 적성이나 현재의 주어진 상황과 관계없이 사람들은 자유롭게 꿈을 꾸고 희망을 갖는다. 물론 그런 꿈, 희망이 시간이 지나 모두 다 실현되는 것은 아니다. 그런데 중요한 것은 꿈꾸는 자만이 조금이라도 그 꿈을 이룰 가능성이 있고, 그 꿈은 적성이나 현실로부터 자유롭다는 것이다.

자신의 행복가치, 즉 '무엇이 나를 가장 행복하게 할 것인가?'

를 알기 위해서는 자신의 현재 적성과 미래를 향한 자신의 의지를 함께 고려해야 한다. 미래에 대한 자신의 의지에만 오로지 무게를 두면 '조각상'을 만들겠다는 의욕만 앞서고 재료인 대리석의 특성은 고려하지 않아 작업 도중 균열로 조각이 실패로 돌아가는 것처럼 자신의 행복 실현이 좌절될 수 있다. 또 현재의 적성만을 기준으로 삼으면 용도와 설계도를 정하지 않은 채 조각 작업에 들어가 나중에 자신의 마음에 전혀 들지 않는 엉뚱한 작품이 나오는 것처럼 시간이 지나고 난 뒤에야 자신이 원하는 삶이 아니었다고 후회할 수 있다.

자신의 행복을 찾는 데 적성과 의지 중 조금이라도 더 중요한 것 하나만 선택해야 한다면 그것은 의지다. 인간은 자연이 아니기 때문이다. 적성에 지나치게 집착하는 것은 결정론적 입장으로, 인과관계적 자연이 아닌 의지적 존재인 인간의 속성에 반하는 일이다. 결과적으로 한 인간의 다양한 가능성과 기회를 미리부터 원천 봉쇄하는 것이 되고 만다.

'적성'은 생산성과 연결되어 있는 만큼 '직업 선택'과 관련된다면, 미래를 향하는 '의지'는 한 인간의 삶 전체를 규정하는 '가치'와 관련이 깊다. '의지'가 '적성'보다 당연히 상위 차원이다. 극단적으로 말해 가장 '적성'에 충실한 존재가 일반 동물이라면, 인간은 운명적으로 '의지'적이다. 인간에게만 부여된 이성은 사실 '의지'의 다른 이름이기 때문이다.

따라서 자신의 행복가치를 확정할 때 감성 행복론과 같이 육체적 특성과 관계가 깊은 경우를 제외하고는 적성은 주요 참고 사항으로, 거기에 지나치게 구애되어서는 안 된다. 미래 지향적·목적 지향적 고민과 함께 꾸준히 자문자답을 해야 한다. '무엇이 나를 가장 행복하게 할 것인가?' 하고. 어느 정도 확신이 설 때까지 끊임없이.

직접적인 경험과 간접적인 경험, 자신의 생각과 주위의 조언, 현재의 적성과 미래를 향한 자신의 의지를 통해 자신의 행복가치에 대한 답을 어느 정도 얻었으면, 앞의 6가지 행복론과 연결 지으면서 자신의 행복론을 선택한다. 청소년의 경우 경험과 자극, 부모와 선생님의 객관적 관찰, 자신의 적성과 의지가 종합된 결과, '성공'을 중요한 가치로 삼는 도전적·성취 지향적 태도라면 '성공 행복론'이 자신의 행복론일 것이고, 이타적이고 자기희생적 태도로 '도덕'을 중요한 가치로 삼는다면 '도덕 행복론', 지적 호기심이 강하고 배움에서 즐거움을 느끼는 '이성' 가치 지향적이라면 '이성 행복론'이 자신에게 맞는 행복론이 된다.

성인의 경우 이 '목적인—행복가치 선택' 과정에서 청소년들에 비해 추가적으로 고려해야 할 것이 자신과의 솔직한 대화다.

사회생활을 해나가는 과정에서 자신을 상실하거나 애써 자신을 외면하면서 살아가는 경우가 많기 때문이다. 타인의 시선 의식, 체면, 도덕적 무감각, 도피를 위한 자기 합리화 등 남에 앞서 먼저 자기 스스로를 속이는 경우가 허다하다. 행복 로드맵 작성은 행복을 찾기 전에 먼저 자신을 찾는 작업이다. 스스로에게 먼저 솔직하지 못한 상태에서 만들어진 행복 로드맵은 결코 그 사람을 행복으로 안내할 수 없다. 이유는 간단하다. 그 행복론은 그 사람의 참 행복론이 아니니까.

6가지 행복론의 행복가치들은 서로 배타적 관계가 아니다. 따라서 자신의 행복가치 검토 결과 그것이 '성공'에 해당되는 것인지 '도덕'에 해당되는 것인지 애매한 경우가 발생할 수 있다. 또 '이성', '도덕', '감성' 그 어느 것도 자신의 행복가치로 포기할 수 없다는 생각이 들 수도 있다. 이런 경우는 일단 약간의 차이라도 우선순위를 정한다. 그리고 최우선 행복가치를 자신의 행복가치로 삼고 차선, 차차선은 참고적 행복가치로 정리해둔다. 물론 이 '목적인—행복가치 선택' 다음 단계인 '형상인—직업 선택'에서 직업을 선택할 때 참고하기 위해서다.

시작이 절반이다. '목적인—행복가치 선택'이 정해졌으면 우리는 이제 행복의 절반을 이룬 것이나 다름없다.

사회과학 저술가를 꿈꾸는 고등학교 1학년생 사례

_____ 님의 행복 로드맵

* 작성일: 2018. 1. 1

* 나 이: 17세

로드맵 선택	나의 행복 계획	로드맵 실행
1. 목적인-행복가치 선택*[1]	이성 행복론	4. 목적인-행복가치 실행
2. 형상인-직업/취미 선택*[2]		3. 형상인-직업/취미 실행
3. 동력인-학습&노력 선택*[3]		2. 동력인-학습&노력 실행
4. 질료인-로드맵 작성	_____년 ___월 ___일	1. 질료인-로드맵 작성

*1. 6가지 행복론 중 하나(또는 자신이 생각하는 다른 행복가치)

*2. 직업(실버세대는 취미)은 구체적으로 정할 것

*3. 학습&노력은 시간 계획과 함께 구체적으로 정할 것

젊은 날부터 언젠가 동양철학을
깊이 공부해보겠다고 생각해온 은퇴 공직자 사례

_____ 님의 행복 로드맵

* 작성일: 2018. 1. 1

* 나 이: 61세

로드맵 선택	나의 행복 계획	로드맵 실행
1. 목적인-행복가치 선택*[1]	이성 행복론	4. 목적인-행복가치 실행
⇓		⇑
2. 형상인-직업/취미 선택*[2]		3. 형상인-직업/취미 실행
⇓		⇑
3. 동력인-학습&노력 선택*[3]		2. 동력인-학습&노력 실행
⇓		⇑
4. 질료인-로드맵 작성	_____년 ___월 ___일	1. 질료인-로드맵 작성

*1. 6가지 행복론 중 하나(또는 자신이 생각하는 다른 행복가치)

*2. 직업(실버세대는 취미)은 구체적으로 정할 것

*3. 학습&노력은 시간 계획과 함께 구체적으로 정할 것

행복해지기 위해
어떤 직업이나 취미를 선택할 것인가

형상인 – 직업 · 취미 선택

⸩ 행복 실현을 위한 현실적 수단
_ 직업과 6가지 행복론

자본주의의 바이블인 《국부론》을 쓴 애덤 스미스는 '사람들 간의 선천적인 재능 차이는 우리가 인식하고 있는 것보다 실제적으로 훨씬 적다. 장년기에 달한 성인들의 경우 그들이 각각 다른 직업을 갖게 한 것처럼 보이는 서로 다른 재능은 대부분 분업의 원인이라기보다 오히려 분업의 결과이다. 예를 들어 철학자와 길거리 짐꾼과 같이 크게 다른 사람 간의 차이도 천성이라기보다 버릇, 습관 그리고 교육의 차이에서 비롯된 것으로 여겨진다'[67]라고 말한다. 사람들 간의 재능 차이가 타고난 것이라기보다는 직업적 분업에 의해 그렇게 되었다는 주장이다. 철학자와 노동자 사이처럼 큰 속성의 차이도 버릇, 습관 그리고 교육 등으로 이루어지는 그들의 직업적 역할 차이에서 비롯된다는 이야기다.

맹자 역시 같은 취지의 이야기를 한다. 맹자는 '화살 만드는 사람이 어찌 갑옷을 만드는 이보다 어질지 않겠는가마는, 화살을 만드는 사람은 오로지 이 화살이 사람을 상하게 하지 못하면 어쩔까를 걱정하고, 갑옷 만드는 사람은 오로지 사람이 다치면 어쩔까를 걱정한다. 무당과 관을 만드는 목수 역시 이들 둘의 차이와 같은 입장일 터이니 직업을 선택하는 데 조심하지 않을 수 없다'[68]라고 말한다. 자신의 일에 대한 지속적 관심이 결국 그 사람을 만든다는 것이다. 즉 직업이 그 사람을 만든다는 이야기다.

우리가 깨어나 있는 동안 가장 많은 시간과 노력을 들이는 것이 바로 자신의 직업이다. 장기간의 의식의 집중이 그 사람의 사고방식이 될 것이고, 장기간의 반복된 행동이 결국 사람의 적성이 된다. 직업이 그 사람을 만든다는 것은 당연한 이야기다.

'실내 장식'을 할 목적으로 대리석 조각을 만들기로 했다면 그 다음 차례는 어떤 모습의 조각을 만들 것인지 그 형상을 미리 계획하는 일이다. 다비드상의 모습을 만들기로 했다면 바로 그 다비드상의 '설계도면'을 만드는 것이다. 형상에 대한 계획인

다비드상의 '설계도면'을 미리 만들지 않으면 되는 대로 조각하거나 조각하던 중 작업을 포기하기 쉽다. '실내 장식'이 조각을 하는 목적인 '목적인目的因'이라면 '설계도면'은 그 '의도'를 이루기 위한 구체적 '모습'인 '형상인形相因'이다. 계획 단계에서 '실내 장식'이라는 '목적인'을 정하고 이어 '설계도면'이라는 '형상인'을 정했으면, 실행 단계에서는 역으로 '형상인'인 '설계도면'을 현실로 실현시키면 '목적인'인 '실내 장식'이 저절로 달성된다. 즉 실행에 있어, '형상인'이 이루어지지 않으면 '목적인'은 실패로 돌아가고, '형상인'이 이루어지면 '목적인'은 당연히 이루어진다.

행복 실현도 마찬가지다. 앞의 '목적인-행복가치 선택'에서 성공, 무소유, 도덕, 이성, 종교 그리고 감성과 같은 '행복가치' 중 어느 하나를 선택했으면, 다음은 그 행복가치를 실현할 수 있는 '직업(실버세대는 취미)'을 선택한다. 즉 인간의 궁극의 존재 이유인 행복을 달성하기 위해 '목적인'인 자신의 '행복가치'를 정했다면, 그 다음은 그 '행복가치'를 가져오는 수단으로서 '형상인'인 '직업(또는 취미)'을 선택한다.

애덤 스미스나 맹자의 주장에서와 같이 사람들의 생각이나 모습은 주로 '직업'을 통해 만들어진다. 한 사람에게 내재되어 있는 가치Value는 바로 그런 생각과 모습의 종합이다. 따라서 자신을 행복하게 하는 '행복가치'는 곧 자신의 생각과 모습으로 이루어지고, 그 생각과 모습은 바로 자신의 '직업(또는 취미)'을 통해 형성된다.

▷ 행복가치에 따른 직업이나 취미 선택하기

자신의 '행복가치'를 이루는 현실적 수단은 '직업(실버세대는 취미)'이다. '행복가치'를 이루기 위해서는 일단 생존에 문제가 없어야 한다. 생존이 있고 난 다음에야 '행복가치' 실현도 있을 수 있다. 그런데 생존은 '직업'을 통해서 비로소 가능해진다. 그리고 애덤 스미스와 맹자의 말처럼 '행복가치'를 실현할 수 있는 핵심 수단 또한 '직업(또는 취미)'이다. '행복가치'를 구성하는 한 사람의 사고와 특성을 형성하는 것이 바로 '직업(또는 취미)'이기 때문이다.

따라서 현실에서 자신의 행복을 실현할 수 있는 가장 현명한 방법은 두말할 것도 없이 자신이 추구하는 '행복가치'에 '직업(또는 취미)'을 최대한으로 일향화—向化, Alignment시키는 것이다. 생존을 위해 자신의 직업에 몰입하는 중에 그 직업을 통해 자신도 모르는 사이 자신의 '행복가치'로 인도될 수 있도록, '행복가치' 방향에 '직업(또는 취미)'을 맞춰야 한다. 어차피 생존을 위해 최선을 다해야 하고, 또 그렇게 했을 뿐인데 행복이 덤으로 따라올 수 있도록 그렇게 직업을 선택해야 한다.

성공 행복론은 '성공'이라는 행복가치를 추구하는 행복론이다. 그 성공에는 '물질적 성공', '자유', '영향력', '명예'와 같은 것들이 있다.

'물질적 성공'과 '자유'는 둘 다 기본적으로 부富를 쌓는 것에 행복의 의미를 둔다. 둘의 차이는 부의 크기에 있다. '자유'는 한마디로 자신을 자유롭게 할 수준의 부 소유를 목표로 한다. '자유'가 필요로 하는 부의 본질은 정확히 말하면 이자, 임대료 또는 인세와 같은 '안정적 상시 발생 소득'이다. 안정적·지속적 수입은 두 가지 방법으로 가능하다. 하나는 이자(임대·배당 포함)소득 그리고 다른 하나는 인세소득이다.

이자소득은 자산Stock으로부터 나온다. 예금에서 나오든 건물 임대에서 나오든 주식 보유에서 나오든 그 원천은 모두 자산이다. 이자소득만으로 '자유'롭고자 한다면 거의 예외 없이 자기 사업을 해야 한다. 물론 자기 사업을 통해서도 쉽게 모을 수 있는 금액은 아니다.

'자유'를 위한 두 번째 수단은 인세소득이다. 인세소득은 책을 쓰거나 작곡을 하는 이들이 출판사 또는 음원 판매자로부터 매출에 따라 받는 저작권료다. 저작권료는 작가와 작곡가가 한 때 집중적으로 자신의 시간과 에너지를 투입해 작품을 생산하고 난 뒤, 작품이 판매되기 시작하면 그때부터 매출액 중 일정 비율의 금액을 받는 수입이다.

따라서 좋은 작품을 만들어 꾸준히 팔리게 되면 오랫동안 지속적으로 저작권료를 받게 된다. H. M. 헤밍웨이(1899~1961)나 존 레논(1940~80)과 같은 세계적인 소설가·작곡가는 본인이 죽고 난 다음에도 저작권료가 나온다. 사업을 통해 이자소득만으로 문화생활이 가능할 정도의 자산을 만드는 것이 쉽지 않은 것처럼, 글이나 곡을 써 평생 월 1천만 원 정도의 안정적인 저작권료를 받는 것 역시 쉽지 않다. 그러나 《꿈꾸는 다락방》의 이지성 작가나 '벚꽃 엔딩'의 가수 장범준과 같은 고액 저작권료 수입자가 존재하고, 그 정도까지는 아니더라도 책이나 노래에서 새로운 밀리언셀러들이 끊이지 않고 등장한다. 저술과 작곡으로 '자유'를 꿈꾸는 것이 결코 비현실적이라거나 터무니없다고 할 수는 없다.

'자유' 이상의 큰 부인 '물질적인 성공'은 거의 예외 없이 자기 사업을 통해서 달성된다. 자본주의 사회는 부자가 되는 것을 권장하고 또 사업의 자유도 있다. '물질적인 성공'이 나를 행복하게 할 것이라고 생각하는 이들은 누구나 자기 사업을 시작할 수 있다.

성공 행복론 중 '영향력' 추구는 정치권력이나 행정권력과 같은 국가 제도상의 권력을 말한다. 앞서 언급한 것처럼 국가 제도상 권력은 사실 엄밀히 말하면 '권력'이라기보다 '의무'다. 민주주의 제도에서 모든 권력은 국민에게 있고 대통령이나 국회의원은 국민으로부터 그 권력을 위임받고, 장관은 대통령으로부터 권력을 위임받기 때문이다. 대통령이나 국회의원, 장관 모두 권력의 원천인 국민의 뜻을 좇아 충실하게 그 의무를 다해야 한다. 그러나 '권력'으로 이해하든 '의무'로 이해하든 '헌신'으로 이해하든 대통령, 국회의원 또는 장관과 같은 역할은 자아실현 욕구가 강한 이들에게는 매우 매력적이다. 따라서 이런 중요한 역할과 영향력 행사에 자신의 행복의 의미를 크게 두는 이들은 대통령, 국회의원 또는 장관을 자신의 '형상인'인 미래 직업으로 정한다.

성공 행복론 중 '명예'는 바로 1등, 신기록 또는 승리를 추구하는 것이다. 주로 스포츠의 세계다. 경쟁의 세계에서 가장 높은 단상에 우뚝 설 때, 이겼을 때 가장 큰 행복을 느끼는 성공 행복론이다. 1등, 신기록, 승리의 명예를 누리는 데는 많은 노력과 고통이 따른다. '1등, 신기록, 승리의 명예'와 '고통'을 자신의 행복 천칭저울에 달자마자 곧바로 저울이 '명예'로 기우는 이들은

'명예'에 자신의 행복을 건다. 그들은 그 1등 또는 신기록을 위해 치러야 할 고통을 실제보다 낮게 평가한다. 그러기에 그들은 목숨을 걸고 그야말로 전인미답의 히말라야 어느 한 벼랑을 고독하게 오르고, 지구상 단 한 명만을 위해 준비된 올림픽의 가장 높은 곳을 향해 오랜 시간 지옥의 담금질에 나선다. 글자 그대로 명예뿐인 1등, 신기록을 위해. 1등의 명예, 신기록의 명예를 무엇보다 높이 여기고 또 거기에서 삶과 행복의 의미를 찾는 이들은 자신의 직업으로 양궁선수, 산악인, 마라톤 선수와 같은 고난으로 빽빽이 채워진 영광의 길을 망설임 없이 선택한다.

무소유 행복론은 '물질적 필요'를 줄임으로써 자유를 확대하는 행복론이다. 즉 '물질적 필요'를 축소함으로써 그 물질을 얻기 위한 '육체적·정신적 고통'도 함께 줄이고, 그 결과 '몸과 마음의 자유'를 키우는 행복론이다.

무소유 또는 무소유 행복론이 사회적으로 끊임없이 회자되고 있지만 사실 현실적이지는 않다. 경제적 이유로 결혼을 미루거나 포기하는 젊은 세대가 늘어나고, 중산층 중 60%가 은퇴 후 빈곤층으로 전락할[69] 상황에서 '실질적인' 무소유 행복론은 대부분의 사람들에게 남의 나라 이야기다. 결국 무소유 행복론은 결혼하지 않고 혼자 살거나, 물질을 덜 필요로 하는 농촌 또는 산

촌과 같은 곳에서 살 때 현실성 있는 행복론이다.

따라서 무소유 행복론자는 부양가족이 없는 스님·신부님과 같은 성직자나 생필품을 거의 자급자족에 의존하는 '자연인'의 삶을 직업(?)으로 선택할 수 있다. 또 직업 구분은 아니지만 '결혼+자녀양육+도시생활'과 같은 일반적인 삶의 모습에서 일부를 내려놓은 생활이 무소유 행복론을 실천하는 수단이 될 수 있다.

도덕 행복론은 도덕적 행위를 함으로써 마음의 평화를 추구하는 행복론이다. 도덕 행복론자는 직업을 선택할 때 직업활동 자체가 도덕적 행위인 직업을 선택하는 것이 가장 좋다. 그 다음으로는 자신이 선택한 직업활동 자체가 도덕적 행위가 되는 것은 아니지만 부가적으로 도덕적 행위를 하기 쉬운 직업을 선택하는 것이다. 마지막으로는 직업 자체가 도덕적 행위 자체도 아니고 또 부가적으로 도덕적 행위를 하기 쉬운 직업도 아니지만, 최소한 부도덕한 행위의 유혹을 받을 가능성이 가장 낮은 환경의 직업을 선택하는 것이다.

첫 번째의, '활동 자체가 도덕적 행위가 되는 직업'은 도덕 행복론자라면 누구나 바라지만 현실적으로 한계가 있다. 왜냐하면 직업활동 자체가 무급이거나 무급에 가까워야 하기 때문이다. 어떤 활동이든 대가를 받고 하는 것은 '거래'이지 '도덕'이 아니다. 또 거꾸로 자본주의 사회의 모든 직업활동에서 대가 지급이라는 것만 제거하면 그것은 모두 도덕적 행위에 해당된다. 미화원이 길거리를 청소하는 것이 그렇고, 바리스타가 커피를 만들어 손님에게 제공하는 것이 그렇고, 소방관이 화재를 진압하고 인명을 구조하는 것이 그렇다. 따라서 도덕적 행위는 '타인과 사회에 도움이 되는가?'와 함께 '대가성이지는 않은가?'와 같은 2차원의 질문에서 둘 다 '그렇다'라고 대답할 수 있을 때만 해당된다. 결국 직업활동 자체가 도덕적 행위가 되는 경우는 무급 또는 무급에 가까운 활동비 정도만 받는 경우에 한정된다. NGO 활동이나 순수 봉사활동과 같은 경우다.

두 번째의 '부가적으로 도덕적 행위를 하기 쉬운 직업'은, 본업 활동과 별도로 하는 만큼 일정한 시간과 노력으로 다른 직업에 비해 사회에 더 큰 도움을 줄 수 있는 직업, 근무시간 조절이 가능하거나 여가시간을 활용할 수 있는 직업, 사회적 영향력이 크거나 돈을 많이 버는 직업들이 여기에 해당된다. 이를테면 변호사나 의사와 같은 전문직은 사람들에게 일정한 시간과 노력으로 큰 도움을 줄 수 있고, 자영업자나 프리랜서는 일하는 시간을 조절해 남을 돕는 일을 할 수 있고, 법정근무시간이 잘 지켜지고 휴가제도가 잘 되어 있는 직장이라면 계획적으로 여가시간을 활용해 지속적인 봉사활동을 할 수 있다. 또 대중성이 높은 연예인은 행동 하나 말 한마디로 사회에 선한 영향력을 끼쳐 사람들에게 도움을 줄 수 있고, 사업가는 자신의 물질로 굶주림과 병으로부터 사람들을 구할 수 있다.

마지막 세 번째로, '부도덕한 행위의 유혹을 받을 가능성이 낮은 환경의 직업'은 말 그대로 탈법이나 부도덕의 강요 또는 유혹의 가능성이 낮은 직업을 말한다. 도덕적으로 살고자 해도 현실에서 일상적인 업무 환경이 비도덕적이거나 극도로 생계 위협을 받게 되면 도덕에서 일탈할 수 있다. '부도덕한 행위의 유혹을 받을 가능성'은 업종뿐만이 아니라 그 기업의 조직문화, 경쟁 환경, 급여 수준 등 다양한 요인에 따라 나뉠 수 있다. '부도덕한 행위의 유혹을 받을 가능성'이 낮은 직업을 선택하는 것이 말할 것도 없이 자신의 '행복가치'인 '도덕'적 태도를 고수하는 데 도움이 된다.

특히 실버세대에게 도덕 행복론은 가장 잘 어울리는 행복론이다. 또 실제로 많은 은퇴자들이 도덕 행복론을 자신의 행복론으로 선택하고 있다. 시간을 자유롭게 쓸 수 있고, 그동안의 사회 경험을 활용해 이웃이나 지역사회에 큰 도움을 줄 수 있고, 또 삶을 아름답게 마무리해가야 할 실버세대로서 후세를 위해 할 수 있는 가장 가치 있고 멋진 일이다. 취미 중 최고의 취미다.

이성 행복론은 '이성적 행복 추구'와 '이성 연마' 및 '이성 활용'에서 가장 크게 행복을 느끼는 행복론이다. 따라서 이성을 자신의 행복가치로 정한 이들은, 최대한으로 이성 연마 및 이성 활용과 관계된 일을 자신의 직업으로 선택한다. 그렇게 되면 직업을 통해 생계를 해결하면서 동시에 시간이 지날수록 자신의 이성은 점점 더 환히 빛나게 된다. 이성 행복론자의 행복도 함께 커진다. 또한 한 개인의 빛나는 이성은 주위와 사회까지 환하게 비추어 동시대 사람들의 인간성 회복에도 도움을 준다. 비 그치고 난 뒤의 무지개보다 선명하고 달빛을 희롱하는 난향蘭香보다 그윽한 이성의 빛은 천 년, 2천 년을 살아남아 온 인류를 비추기도 한다.

이성 행복론자는 지식을 필요로 하고 깊은 생각을 요구하는 직업을 갖는다. 바로 이성 연마와 이성 활용을 요구하는 직업들이다. 이성 행복론자에게 가장 적합한 직업은 교수, 교사, 컨설턴트, 연구원, 기자 또는 논리와 사실을 다루는 작가 그리고 출판업 운영과 같은 것들이다. 교수와 교사는 학생들을 잘 가르치기 위해 끊임없이 공부해야 한다. 이성 행복론자가 아닌 이들에게는 공부가 고통이겠지만, 이성 행복론자에게 공부는 행복이다. 그리고 그런 이에게 배우는 학생들에게는 축복이다. 컨설턴트는 특정 목적을 위해 논리와 사실을 조직화하는 일을 한다.

그 어떤 직업보다 날 선 이성이 요구된다. 이성 행복론자라면 도전적이면서도 짜릿할 수밖에 없다. 기자나 논리·사실을 다루는 작가도 마찬가지로 이성 행복론자가 아니라면 글을 쓰는 것이 고통이겠지만, 이성 행복론자에게 글을 쓰는 것은 신명 나는 일이다.

자신이 직접 지식을 다루는 것에 소질이 없는 이성 행복론자라면 지식을 조직화하는 출판업 운영과 같은 직업도 바람직하다. 작가를 발굴해 이 세상에 존재하지 않던 새로운 주장을 책으로 펴낸다는 것은 이성 행복론자로서 극한의 행복이고 영광이다. 그 책 중 어떤 것은 전혀 생각지도 못했던 세상 어느 곳으론가 흘러가 한 사람의 삶을, 여러 사람들의 사회를 바꾸기도 할 것이기 때문이다. 어쩌면 인류 역사 내내 위대한 이성이 되어 살아 숨 쉬면서.

실버세대는 취미로 이성 연마와 활용, 즉 지식 추구를 선택할 수 있다. 지역 도서관이나 지방자치단체에서 시행하는 다양한 프로그램을 활용할 수도 있고 동호인 모임을 따라 답사를 다닐 수도 있고 책 쓰기 모임을 통해 아예 저술에 도전해볼 수도 있다. 평소에 관심이 있었던 분야를 깊이 공부하면서 책을 써도 좋고 자신이 현역 시절 일했던 전문분야에 대해 후배들을 위한다는 마음으로 책을 쓸 수도 있다. 체계적으로 공부를 해보고 싶었지만 사회활동 중 너무 바빠 지금까지 미루었다면 학위에 도전해볼 수도 있고, 동양고전에 심취해볼 수도 있다. 이렇게 되면 은퇴는 실버 아닌 골드가 된다. 인생의 황금기.

종교 행복론은 신에 의지하거나 종교적 깨달음을 추구하는 데서 행복을 느끼는 행복론이다. 종교를 자신의 '행복가치'로 삼은 종교 행복론자는 행복 추구 수단으로 신을 모시는 성직자나 종교적 깨달음을 추구하는 수행자를 자신의 직업으로 선택하는 것이 당연히 가장 좋다.

물론 종교 행복론자들 중에서는 일반 사회생활과 보편적 가정생활을 유지하면서 종교를 자신의 행복가치로 삼고자 하는 이들도 있다. 그런 이들은 종교활동에 자신의 시간과 노력을 안배하기에 적절한 직장 또는 자신이 믿는 종교의 가치를 지향하고 권장하는 조직을 찾아 일을 하는 것이 좋다. 그 외, 절반은 봉사, 절반은 유급 성격인 종교공동체 내부에서의 역할을 자신의 직업으로 고려해볼 수도 있다.

종교 행복론자에게 종교는 행복가치이자 동시에 궁극의 가치다. 궁극의 가치는 죽음 이후에까지 영향을 미치는 것으로 어떤 경우에도 포기할 수 없다. 적절한 직업 선택이 매우 중요하다. 궁극의 가치 추구를 가능하게 하는 수단이 바로 직업이기 때문이다.

　실버세대라면 종교 행복론 역시 청장년 세대보다 더 의미 있게 추구할 수 있다. 지금까지 직장과 사회생활로 바빠 무늬만 종교인이었다면 이제부터는 참 종교인의 삶을 만들어갈 수 있다. 경전 내용에 삶의 연륜을 더함으로써 신과 성인의 말씀을 좀 더 가슴 깊이 새길 수 있고, 인생의 완숙기에 생각과 말과 행위가 일치되는 실천하는 종교인으로서의 삶에 주력해볼 수도 있다. 실버세대의 종교 행복론은 분주했던 사회생활을 닫고 평온한 영적 생활을 새롭게 연다. 삶에서 영혼이 가장 풍요로운 때를 맞이하는 것이다.

　감성 행복론은 감성활동을 할 때 가장 크게 행복을 느끼는 행복론이다. 노래를 부르거나 그림을 그리거나 연극을 하거나 시를 쓸 때 행복을 느낀다. 또는 노래를 듣거나 그림을 감상하거나 연극을 보거나 시를 감상할 때 어떤 다른 때보다 더 크게 행복을 느낀다.

　감성 행복론자 역시 자신의 '행복가치'인 '감성'을 추구해, 예술가나 문학가를 자신의 직업으로 선택하는 것이 답이긴 하다. 그러나 아직 의식주 해결에 급급하거나 문화 향유 수준이 낮은 사회는 예술, 문학 등의 소비층이 얇다. 그런 사회에서는 예술이나 문학을 전업으로 하면서 생계를 해결하고 안정적 활동을 해나가기가 쉽지 않다. 문화예술에 대한 국가 지원이 있다 할지라도 어느 정도의 작품활동을 보장하는 수준이지 당연히 생계 안정까지 기대하기는 힘들다.

예술 또는 문학 활동을 안정적으로 하기 위한 가장 현명한 방법은 예술 또는 문학과 관련이 깊은 일을 자신의 직업으로 갖는 것이다. 가장 바람직한 것으로는 자신이 하는 예술 또는 문학 분야 전공의 교수나 예능 또는 문학 관련 과목을 가르치는 교사를 직업으로 하는 것이다. 예술 또는 문학 관련 교수나 교사가 되면 감성 행복론을 추구하는 데 네 가지 차원에서 도움이 된다. 생계 해결, 가르치는 과정에서 배우는 교학상장敎學相長적 자극, 이론가로서의 입지 확보 그리고 안정적이고 지속적인 작품활동 네 가지다.

그리고 일간지나 월간지 또는 웹진에서 예술 또는 문학 전문기자를 직업으로 하는 것도 생각해볼 수 있다. 직접적으로 예술·문학 활동을 하는 것은 아니지만 예술·문학에 대한 관심을 갖는 것 자체가 일이기 때문에 생계 해결과 함께 자신의 행복도를 높일 수 있다. 특히 문학의 경우는 작품활동과 병행할 수도 있고 본격적인 작품활동에 앞서 미리 지명도를 확보하는 효과를 얻을 수도 있다. 문학과 관련된 일로는 문학작품 편집이나 직접 문학작품 출판사를 운영하는 것도 생각해볼 수 있다. 문학작품 편집은 생계도 해결하면서 문학 공부도 할 수 있어 좋고, 출판사 운영은 직접 문학작품을 생산하는 일이어서 '감성' 행복도를 높게 유지할 수 있다.

물론 당연히 예술이나 문학 활동에만 전념하면서 자신의 행복도를 높일 수도 있다. 악단이나 극단에 소속되어 음악이나 연극 활동을 한다든지 유튜브나 버스킹(길거리 공연)과 같은 수단을 통해 대중과의 접점을 직접 확보하는 방식으로 자신의 활동이나 작품을 알려나갈 수도 있다.

실버세대에게 악기 다루기나 그림 그리기와 같은 취미활동은 그야말로 환상의 조합이다. 노쇠현상으로 점점 인지능력이 약해져가는 시기에 그것을 늦출 수 있는 최고의 수단이 바로 감성활동이고, 현업에서의 은퇴, 인간관계의 축소 등에서 찾아오는 정신적 불안이나 위축을 막아줄 수 있는 것이 또한 감성활동이기 때문이다. 물론 젊은 날의 꿈이 그림 그리기나 악기 다루기였는데 먹고사는 일 때문에 그것을 지금까지 실천에 옮기지 못했던 이라면 노년기는 그야말로 조물주가 내린 최고의 선물이다. 직업 아닌 취미로 감성 행복론을 추구할 수 있다면 그것이야말로 진짜 감성 행복론이다.

자신의 행복가치 실현을 위한 '형상인–직업 선택'의 마무리
로 빠트리지 않아야 할 것 하나가 있다. 바로 자신이 선택한 직
업 또는 분야에서 가장 닮고 싶은 인물 한 명을 자신의 모델로
정하는 것이다. 아직 현업에 몸담고 있는 사람도 좋고 이미 세
상을 떠난 사람도 상관없다. 자신이 그 직업 또는 분야에서 성
과를 내는 데 지속적으로 도전의식을 불러일으키고 자극을 주
고 또 긍정적 에너지를 줄 수 있는 인물이면 된다.

단, 아직 현업에 있는 경우는 그 사람이 자신의 일에 대한 철
학과 도덕적 태도를 지니고 있는 인물인지 점검해볼 필요가 있
다. 어떤 직업이나 분야든 자신의 철학과 도덕적 태도를 지니고
있지 않으면 크게 성과를 내기 힘들고 설사 크게 성과를 내더라
도 그 상태를 지속하기 어렵다. 허약한 철학과 비도덕적 태도는
공든 탑을 언제든지 무위로 돌릴 수 있다.

닮고 싶은 모델을 정했으면 이제부터 그 인물은 바로 미래의
여러분 자신이다. 행복가치를 향하는 중에 고통과 장애물이 나
타나면 그때마다 모델을 통해 자신의 생생한 미래 모습을 확인
하고 몸과 마음을 다시 일으켜 세워야 한다.

사람들에 따라서는 앞의 '목적인–행복가치 선택' 단계에서
자신의 행복가치가 '성공'에 해당되는지 '도덕'에 해당되는지 애
매할 수도 있고, 또 '이성', '도덕', '감성' 그 어느 것도 자신의 행

복가치로 포기할 수 없다는 생각이 들 수도 있다. 이때는 일단 약간의 차이라도 이들 행복가치에 최우선, 차선 그리고 차차선과 같은 우선순위를 정해야 한다. 그렇게 되면 이 '형상인–직업선택'에서 직업을 선택할 경우 최우선 행복가치를 가장 잘 실현할 수 있는 직업을 선택하면서, 아울러 차선, 차차선 행복가치도 함께 고려될 수 있다. 일반적으로 사람들이 현실에서 직업을 하나밖에 가질 수 없기 때문에 그렇다. 앞의 R. L. 프로스트의 '가지 않은 길'이라는 시에서처럼.

물론 '이성', '도덕', '감성'과 같은 행복가치들을 '이성'은 직업을 통해, '감성'은 취미를 통해, '도덕'은 생활을 통해 추구하는 식으로 해결할 수도 있다. 그러나 이 경우 역시 사람들이 깨어 있는 동안 자신의 에너지와 시간을 대부분 직업활동에 사용하기 때문에 여러 행복가치를 동일하게 모두 최대로 실현시키는 데는 한계가 있을 수밖에 없다. 즉 일에 쫓기다 보면 차선, 차차선 행복가치 실현은 뒤로 미뤄지기 십상이라는 이야기다. 물론 일 자체는 최우선 행복가치로 연결되어 있기 때문에 일에 쫓기더라도 최우선 행복가치가 실현되는 데는 아무런 문제가 없다. 아니 오히려 쫓기면 쫓길수록 최우선 행복가치의 실현은 더욱 커진다. 노래 부르는 것을 자신의 행복으로 여기는 사람이 무대에 설 일이 많아지면 몸은 피곤하지만 행복은 더 커지는 것처럼.

실버세대가 취미로 행복가치를 실현하는 데는 세 가지 염두에 둬야 할 사항이 있다. 첫째, 노후생활이 문제가 없어야 한다. 한마디로 생계가 미리 마련되어 있어야 한다. 둘째, 건강이 어느 정도 유지되어야 한다. 건강에 심각한 문제가 있으면 취미는 고사하고 활동 자체가 어려워진다. 셋째, 취미활동은 즐기기 위한 것이지 남에게 드러내기 위한 것이 아니라는 것을 염두할 필요가 있다. 악기를 다루고 그림을 그리고 한시를 공부하면서 그것을 누군가에게 드러내는 데 너무 욕심을 내게 되면 취미가 행복 아닌 고통이 되고 만다. 누군가에게 보여줄 일이 없을 때 자신의 취미활동이 어느 날 갑자기 무의미해져버릴 수 있기 때문이다.

취미는 전쟁이 아니고 사업도 아니다. 다른 이와 경쟁할 일도 없고 다른 이들의 관심을 꼭 끌어야 할 필요도 없다. 노후준비와 건강은 젊었을 때부터의 준비와 생활습관으로 가능하다. 그리고 취미가 자신을 위한 것이냐 타인에게 보이기 위한 것이냐는 바로 자신의 철학에 따라 정해진다. 실버세대는 자신의 인생을 자신만의 행복가치 실현, 즉 해피엔딩으로 마무리할 수 있는 절호의 기회다. 하지만 경제적·신체적 준비와 자기 철학이 서 있지 않으면 장년기 전쟁의 연장이거나 그냥 시간을 채워나가는 여생일 뿐이다.

'직업(실버세대는 취미)'은 자신의 '행복가치'를 실현시키기 위한 핵심 수단이다. 즉 '목적인'인 '행복가치'를 실현하기 위한 핵심 수단으로서의 '형상인'이 바로 '직업(또는 취미)'이다. 수단과 목적은 일대 일 대응하지 않는다. 수단은 목적을 위해 존재하지만 하나만 있지 아니하고, 또 하나의 수단은 하나의 목적만을 위해 존재하지 않는다. 즉 물질적 '자유'를 '목적'으로 추구하는 데 반드시 '사업'이라는 '수단'만 있는 것이 아니며, '작가'가 '성공 행복론(자유)'뿐만 아니라 '감성 행복론'이라는 목적을 위한 수단도 될 수 있다.

이 장의 내용은 독자들이 자신의 '행복가치'를 실현하기 위한 수단으로 어떤 직업(또는 취미)을 선택하는 것이 좋을까에 대한 참고일 뿐이다. 어느 한 사람이 알고 있는 직업(또는 취미)보다 훨씬 더 많은 직업(또는 취미)이 이 세상에는 존재하며, 지금 현존하는 직업(또는 취미)보다 앞으로 새로 생겨날 직업(또는 취미)이 훨씬 더 많다. 중요한 것은, 자신의 행복을 위해 이 '형상인-직업 선택' 편을 참조하면서 자신의 '행복가치'에 가장 잘 들어맞는 '직업(또는 취미)'을 찾아내는 것이다. 그 직업(또는 취미)은 이 책에 나오는 것일 수도 있고 우리가 잘 알지 못하는 것일 수도 있고 아직 이 세상에 등장하지 않은 것일 수도 있다.

사회과학 저술가를 꿈꾸는 고등학교 1학년생 사례

_____ 님의 행복 로드맵

* 작성일: 2018. 1. 1

* 나 이: 17세

로드맵 선택	나의 행복 계획	로드맵 실행
1. 목적인-행복가치 선택* [1]	이성 행복론	4. 목적인-행복가치 실행
↓		↑
2. 형상인-직업/취미 선택* [2]	사회과학 저술가 (모델: 제러미 리프킨)	3. 형상인-직업/취미 실행
↓		↑
3. 동력인-학습&노력 선택* [3]		2. 동력인-학습&노력 실행
↓		↑
4. 질료인-로드맵 작성	_____년 ___월 ___일	1. 질료인-로드맵 작성

* 1. 6가지 행복론 중 하나(또는 자신이 생각하는 다른 행복가치)
* 2. 직업(실버세대는 취미)은 구체적으로 정할 것
* 3. 학습&노력은 시간 계획과 함께 구체적으로 정할 것

젊은 날부터 언젠가 동양철학을 깊이 공부해보겠다고 생각해온 은퇴 공직자 사례

_____ 님의 행복 로드맵

* 작성일: 2018. 1. 1

* 나 이: 61세

로드맵 선택	나의 행복 계획	로드맵 실행
1. 목적인-행복가치 선택* 1	이성 행복론	4. 목적인-행복가치 실행
⇩		⇧
2. 형상인-직업/취미 선택* 2	사서삼경 원전 읽기	3. 형상인-직업/취미 실행
⇩		⇧
3. 동력인-학습&노력 선택* 3		2. 동력인-학습&노력 실행
⇩		⇧
4. 질료인-로드맵 작성	_____ 년 ___ 월 ___ 일	1. 질료인-로드맵 작성

*1. 6가지 행복론 중 하나(또는 자신이 생각하는 다른 행복가치)

*2. 직업(실버세대는 취미)은 구체적으로 정할 것

*3. 학습&노력은 시간 계획과 함께 구체적으로 정할 것

무엇을 어떻게 실행할 것인가

동력인 - 학습 실행

❥ 가장 실질적이고 결정적인 단계

_ 실행의 힘

기업 경영기법 중 BSC(Balanced Score Card, 균형성과표)라는 것이 있다. BSC는 기업의 비전과 전략을 조직의 핵심성과지표KPI: Key Performance Indicator로 재구성해 조직 전체가 목표달성을 위한 활동에 집중할 수 있도록 한 전략경영시스템이다.[70] 1992년 미국의 D. 노튼과 R. 캐플런에 의해 개발되었다. 균형성과표BSC에서의 '균형'은 기존의 단기적·재무적·후행적·내부적으로만 기업 성과를 측정 및 관리하던 것을, BSC의 등장으로 장기적·비재무적·선행적·외부적으로까지 확대해 '균형적으로' 측정 및 관리할 수 있게 되었다는 의미다.

BSC는 기업전략을 시간적으로 4단계로 구분해 관리한다. 시간 순서상 뒤로부터 나열하면 ① 재무, ② 고객, ③ 내부 프로세스, ④ 학습&성장 순이다. 기업은 궁극적으로 이익을 추구한다. 따라서 기업의 모든 활동의 최종 목적은 이익이나 매출 증가와 같은 '재무'적 목표다. '재무'적 목표를 달성하기 위해서는 그 전에 먼저 '고객' 만족도를 올려야 한다. 그리고 '고객' 만족도를 올리기 위해서는 높은 품질과 낮은 가격의 상품 또는 서비스가 가능할 수 있도록 '내부 프로세스'를 바꾸어야 하고, 이런 '내부 프로세스' 개선을 위해서는 앞서 직원들에 대한 '학습&성장'이 이루어져야 한다. 뒤집어서 말하면 직원들에 대한 '학습&성장'이 이뤄지면 '내부 프로세스' 개선이 가능해지고, '내부 프로세스' 개선이 이루어지면 그것은 곧 '고객' 만족도 향상으로 연결되고, '고객' 만족도가 높아지면 자연적으로 매출과 이익이 증가해 기업은 궁극적으로 기업의 목적인 '재무'적 목표를 달성할 수 있게 된다.

BSC의 시간 차원의 4단계는 아리스토텔레스의 4요인 관점과 흡사하다. 즉 기업의 최종 목표인 '재무적 목표'는 '목적인', '고객 만족'은 '형상인' 그리고 '내부 프로세스 개선'과 '직원들의 학습&성장' 둘은 '동력인'에 해당한다. 그리고 아직 아무런 시도

도 이루어지지 않은 '현재의 조직 상황'은 재료로서 '질료인'에
해당한다.

BSC 4단계	아리스토텔레스의 4요인	의미
재무적 목표	목적인	궁극적 목적
고객 만족도	형상인	목적을 이루는 직접 수단
프로세스 개선 및 직원 학습	동력인	직접 수단을 이루기 위한 노력
현재 조직 상태	질료인	현재 상태

BSC 4단계와 아리스토텔레스의 4요인

　　모든 사람은 행복을 원한다. 그 행복은 각자 자신의 행복가
치를 실현함으로써 비로소 가능해진다. 그리고 행복가치는 주
로 자신이 하는 일, 바로 직업(실버세대는 취미)을 통해 이루어진다.
뒤집어 말하면, 자신의 행복가치를 실현할 수 있는 가장 적합한
Alignment 직업(또는 취미)이 무엇인가를 알아내, 그 직업(또는 취미)에
충실하게 되면 그것은 곧 자신의 행복가치 실현으로 연결되고
그 상태가 바로 행복이다.
　　'동력인-학습 실행'은 바로 '형상인-직업 선택'에서 선택한 직

업(또는 취미)을 자신의 직업(또는 취미)으로 만들기 위한 자기 학습과 노력의 과정이다. 기업의 BSC에서 '고객 만족도'를 높이기 위해 '내부 프로세스 개선' 및 '직원들의 학습&성장'을 실행하는 것처럼 바로 자기 변화를 시도하는 과정이다. '실내 장식용'으로 조각상을 만들기로 하고 조각상의 '설계도면'을 완성했다면, 그 다음은 이제 실제로 정으로 대리석을 쪼아 조각상을 만드는 실천 과정이다. 바로 동력이 들어가는 '동력인—학습 실행' 과정이다.

아리스토텔레스는 어떤 결과가 있기 위해서는 목적인·형상인·동력인·질료인 4가지 원인이 있어야 한다고 말한다. 그러나 우리는 현실에서 보통 그중 하나의 원인만을 생각한다. 즉 눈앞에 있는 조각상을 보면서 이 조각상이 '어떻게 만들어졌을까?'에 대해서만 주로 집중한다. '어떻게 만들어졌을까?'는 아리스토텔레스의 4요인 중 '동력인'에 해당된다. 일상에서 사람들이 4가지 요인을 모두 생각하지 않고, 흔히 습관적으로 '동력인'만을 유일한 '원인'으로 여기는 데는 이유가 있다. 4가지 원인 중 '동력인'만이 '직접적으로' 변화를 실행하는 원인, 즉 결과를 '직접적으로' 초래하는 원인이기 때문이다. '목적인'은 의도로만 존재할 뿐이고, '형상인'은 도면으로만 존재할 뿐이고 그리고 '질료인'은 그냥 재료로 그렇게 놓여 있을 뿐이다. '목적인', '형상인' 또는 '질료인'이 아무리 대단하고 뛰어나다 할지라도 '동력인'이라는 과정이 생략되면 이 세 가지 원인들 모두 아무런 존재 의미를 갖지 못하게 된다. 그야말로 무용지물이다.

반대로, 앞 세 가지 원인들 중 일부가 다소 허술하더라도 '동력인' 과정이 충실하면 어떤 형태로든 결과물은 나온다. 한 사람의 삶에서도 '좋은 아이디어'(목적인)와 '멋진 계획'(형상인) 그리고 '뛰어난 자질'(질료인)을 소유하고 있다 할지라도 '실천력'(동력인)이 따라주지 않으면 그런 강점들은 쓸모가 없게 된다. 머리가 뛰어난 아이라 할지라도 공부를 하지 않으면 성적이 좋을 수 없고, 글로벌 베스트셀러가 될 만한 멋진 스토리라 할지라도 구상만 하고 있을 뿐 원고지로 옮기지 않으면 그 어떤 일도 발생하지 않는다.

그리고 보면 아리스토텔레스가 모든 것들의 원인으로 4가지를 나열하고 있지만 그 원인들은 수평 관계라 할 수 없다. 즉 서로간에 비중 차이가 있다. 바로 4원인 중 '동력인'이 으뜸이다. 나머지 3원인은 모두 '동력인'의 협력자다. '동력인'은 '실행'인 반면에, 나머지 3원인은 '계획'이거나 '존재'일 뿐이기 때문이다. 행복은 무엇보다도 '실행', 즉 '동력인─학습 실행'에 좌우된다는 이야기다.

인생을 행복하게 사느냐 그러지 못하느냐는 사실 이 '동력인'에서 가장 크게 결정된다. 인간은 누구나 가능하면 고통은 최소로 그리고 쾌락은 최대로 취하려는 이기주의/게으름의 본성을 지닌다. 그런데 이 본성과 가장 밀접하게 관련된 것이 바로 현실에서의 실천인 '동력인'이다. 목적인, 형상인은 '계획'이고 질료인은 '그냥 지금 놓여져 있는 상태'다. 계획을 세우는 데는 그다지 큰 고통이 들어가지 않는다. 그리고 '그냥 지금 놓여 있는 상태'는 당연히 아무런 고통도 요구하지 않는다. 따라서 사람들은 계획을 세우는 데는 대체로 망설임이 없다.

그러나 실천에 있어서는 누구나 주저한다. 바로 실천에는 고통과 노력이 요구되기 때문이다. 현실에서 행복을 느끼고 산다면 그들은 대체로 '동력인-학습 실행'을 기꺼이 해낸 이들이다. 그리고 행복을 느끼지 못하고 산다면 그들은 대체로 '동력인-학습 실행'을 회피한 이들이다. 행복을 느끼고 사는 이들은 '질료인', 즉 자신의 자질이 좀 부족하더라도 '동력인' 과정에서 다른 사람들보다 더 많은 노력을 기울임으로써 그것을 극복한다. 또한 그들은 '목적인'이나 '형상인', 즉 자신의 행복가치나 직업관(또는 취미)이 다소 불명확하더라도 '동력인'이 진행되는 현장에서 시행착오를 통해 그것들을 보완해나간다. 이런 실천인 '동력인'에 방향성인 '목적인'과 구체적 목표인 '형상인'이 더해지면 두말할 것도 없이 그것은 가장 완벽에 가까운 행복 실현이 된다.

영어에 GIGO라는 말이 있다. 바로 'Garbage in, Garbage out'

으로, '쓰레기가 들어가면 쓰레기가 나온다'는 의미다. 결국 같은 의미이긴 하지만 긍정적인 말로 바꾸어볼 수 있다. 바로 'Gold in, Gold out', '황금이 들어가면 황금이 나온다'는 말이다. '동력인-학습 실행'은 다름 아닌 자기 삶에 있어서의 투입요소Input를 바꾸는 것이다. 바로 쓰레기Garbage가 아닌 황금Gold으로 투입요소를 바꾸는 것이다. 내가 지금 빌 게이츠가 아니지만 빌 게이츠가 했던 도전을, 내가 지금 김수환 추기경은 아니지만 김수환 추기경이 했던 선한 행동을, 내가 지금 김연아 선수는 아니지만 김연아 선수가 했던 노력들을 새롭게 실천에 옮겨볼 수는 있다. 지금 당장 빌 게이츠, 김수환 추기경, 김연아 선수가 될 수는 없지만 의지만 있다면 누구나 그들의 과거 행동들을 흉내 낼 수는 있다. 그러다 보면 시간이 지난 뒤 또 한 명의 빌 게이츠, 또 한 명의 김수환 추기경 또는 또 한 명의 김연아 선수가 탄생할 수 있다. 그것이 바로 GIGO 법칙이다.

'동력인-학습 실행'은 다름 아니다. GIGO 법칙에 따라 '투입요소'를 바꾸는 것이다. 즉 고통을 감수하고 노력을 아끼지 않는 태도 및 행동으로 자신을 바꾸는 것이다. 그렇게 함으로써 우리는 '형상인'인 직업(또는 취미)을 갖게 되고, 나아가 '목적인'인 행복 가치를 실현할 수 있다. 바로 자신의 삶을 행복한 상태로 만들 수 있다.

쓰레기를 계속해서 넣으면서 황금이 나오기를 기대하는 것처럼 허망한 일은 없다. 지금까지 살아온 방식 그대로 살면서 자신의 삶이 바뀌기를 기대하는 것처럼 헛된 꿈은 없다. 행복 실현은 '동력인-학습 실행'이 결정한다.

⸾ 실천을 위한 구체적인 생각

필자의 고등학교 시절 선생님은 장관으로 있는 친구를 부러워했다. 장관이라는 자리가 진심으로 그렇게 부럽고 또 행복해 보였다면 선생님은 대학 진학 때 사범대학이 아닌 행정학과나 법학과를 갔어야 했다. 행정학과와 법학과로 가서 고시를 했더라면 선생님도 장관이 되었을 수 있고, 장관까지는 아니어도 어느 정도 영향력 있는 고위공무원은 되었을 것이다. 그러면 선생님의 삶은 훨씬 더 행복했을 것이다. 물론 선생님에게 '진심으로' 장관자리가 부럽고 행복해 보였다면 그렇다는 이야기다.

특강 자리에서 만난 강남의 한 선생님은 자신의 부자 지인들을 진심으로 부러워했다. 심지어 선생님이라는 직업에 대해 자조自嘲적인 태도까지 취했다. 이 선생님 역시 선생님의 길에 들어서지 않았어야 했다. 일찍이 장사를 배우거나 부동산 투자에

눈을 떴어야 했다. 괜히 사범대학에 들어가 선생님이 되어 본인은 본인대로 불행하고 배우는 학생들은 그들대로 선생님으로부터 충분히 자양분을 받지 못하고 있다.

필자도 늦게라도 글쓰기를 시작한 것을 다행으로 생각하긴 하지만, 욕심대로라면 대학에 들어갈 때부터 논리적 글쓰기와 생각하기를 훈련할 수 있는 사회학이나 역사학, 철학, 심리학, 인류학 또는 경제학과 같은 전공을 선택했어야 했다. 그랬으면 일찍부터 글쓰기에 몰입해 어쩌면 40대에 이미 입언立言을 했을지도 모를 일이다.

'동력인-학습 실행'은 앞서의 '형상인-직업 선택'에서 선택한 '직업'을 갖기 위해 자신을 '학습'시키는, 즉 배우고 노력하고 채워나가는 실천 과정이다. 자신을 행복하게 할 '행복가치'를 실현시킬 수 있는 '직업'을 정한 뒤, 그 '직업'을 갖기 위해 자신을 만들어가는 과정이다.

성공 행복론에서의 '물질적 성공'이나 '자유'를 추구하는 이들이 주로 선택하는 '직업'은 바로 '자기 사업'이다. '물질적 성공'이나 '자유' 상태에 이르기 위해서는 상당히 큰 부富가 필요하고, 큰 부는 현실적으로 '자기 사업'을 통하지 않고서는 이루기가 어렵다. 그렇다면 '자기 사업'을 하려면 무엇을 해야 할까? 사업은 사업 아이템에 따라 고전적 비즈니스와 첨단 비즈니스, 투자 규모에 따라 빅 비즈니스와 스몰 비즈니스로 대체로 나누어볼 수 있다.

고전적 비즈니스는 첨단 비즈니스에 비해 '경험'이 매우 중요할 것이다. 장사로 돈을 벌고 싶다면 일찍부터 유통업에 취업해 현장에서 장사를 배우는 것이 현명하다. 식당을 운영해 돈을 벌고 싶다면 일찍부터 요식업에 취직해 현장에서 식당 운영을 배우는 것이 좋다. 자기 사업을 언제부터 시작하겠다는 목표를 세우고 유통업이나 요식업에서 직장생활을 하게 되면 그것은 마치 장학금을 받으면서 학교를 다니는 것과 같다. 바로 OJTOn the Job Training, 현장 실습 교육로, 사소한 부분에 이르기까지 사업방법을 배울 수 있는 것은 물론 새로운 아이디어까지 얻을 수 있는 기회를 누리면서 월급도 받을 수 있기 때문이다. 자기 사업에 대한 계획이 확실하게 서 있으니 말 그대로 주인의식을 가지고 일에 임하지 않을 까닭이 없다. 오너에게는 이익이 되고 자신에게는 최고의 사업예행 연습이다. 사실 실속 있는 부자들 중 적지 않은 이들이 고전적 비즈니스에서 이런 과정을 거친 이들이다.

첨단 비즈니스는 새로운 아이디어, 새로운 기술을 필요로 하는 만큼 이론적 바탕과 응용 학습이 필요하다. 따라서 첨단 비즈니스에서는 일반적으로 고전적 비즈니스의 '경험'에 비해 '학

습'이 중요하다. 첨단으로 갈수록 최소한 석사과정 이상을 이수
하는 것이 좋다. 연구 과정에서 첨단의 새로운 사업거리를 찾을
수 있어 그렇기도 하지만, 사업 중에도 필요한 기술 또는 새로운
분야를 알아볼 때 여러 나라의 다양한 최신 연구자료들을 익숙
하게 활용할 수 있게 되기 때문에 그렇다.

빅 비즈니스를 하려 한다면 대기업 조직을 먼저 경험해보는
것이 좋다. 빅 비즈니스는 시스템적으로 움직이기 때문에 유기
적으로 움직이는 대기업의 이른 경험은 실제 자기 사업 시 큰
그림을 처음부터 제대로 그리고 시작할 수 있게 한다. 당연히
시행착오 비용을 크게 줄일 수 있다. 스몰 비즈니스를 할 생각
이라면 먼저 해당 업종의 우량업체에서 실무 경험을 해보는 것
이 좋다. 중소기업 또는 자영업 오너는 사실 만능선수all round player
다. 모든 것을 속속들이 알고 있어야 한다. 그러기 위해서는 해
당 업종 중소기업 또는 자영업에서 직접 현장 경험을 하는 것이
최고의 학습이다.

사업을 하려 할 때 자기가 하고자 하는 사업에 대한 직·간접
적 지식을 갖추는 것은 당연한 일이다. 사업에 대해 최소의 비
용으로 최고의 지식을 쌓을 수 있는 수단은 당연히 독서다. 적
절한 전공 선택을 통한 기초지식은 물론 독서를 통해 해당 업종
과 관련된 지식들을 체계적으로 꾸준히 쌓아가는 과정이 필요

하다.

성공 행복론 중 '자유'는 사업을 통해 얻는 것이 보통이지만 간혹 저술이나 작곡을 통해 얻는 이들도 있다. 바로 인세수입을 통해서다. 작가가 되고자 한다면 논리·사실을 다루는 작가가 될 것인지, 시나 소설과 같은 감성을 다루는 작가가 될 것인지가 먼저 정해져야 한다. 논리·사실을 다룬다면 전공으로 사회학이나 경제학, 역사학, 심리학 또는 철학 등을 선택할 필요가 있고, 감성을 다룬다면 문학 쪽을 선택할 필요가 있다. 작곡의 경우는 전공으로 작곡이나 실용음악을 선택하고 다양한 음악을 경험할 필요가 있다. 무엇인가를 가장 잘 만들(作作) 수 있는 방법은 일단 직접 만들기에 나서는 것이다. 직접 책을 쓰고 직접 작곡을 해보는 과정에서 스스로 많은 것을 배울 수 있다. 어설프더라도 일단 과감하게 저술 또는 작곡에 나서보는 것이 좋은 책, 좋은 노래를 만들기 위한 왕도다.

성공 행복론에서의 '영향력'은 정치권력 또는 행정권력이다. 정치권력의 관심 범위는 전방위적이면서 동시에 그 필요 기본 소양이 법法이다. 따라서 대통령이나 국회의원을 꿈꾼다면 먼저 법을 전문으로 다루는, 또는 다양한 사회현상에 관심을 두는 분야에서 경력을 쌓을 필요가 있다. 즉 법조인이나 언론인 또는 시민단체 활동과 같은 경력들이다. 물론 시간이 갈수록 경제나 복지가 정치에서 차지하는 비중이 커짐에 따라, 경제 또는 복지 관련 전문가로서의 경력도 정치권력으로 가는 적절한 경로가 되고 있다. 행정권력을 지향한다면 행정고등고시에 합격해 고급 공무원으로 단계를 밟아 올라가는 것이 왕도다.

성공 행복론에서의 '명예' 추구에는 다양한 것들이 있다. 스포츠 분야에서 세계 최고의 '명예'를 목표로 한다면, 가장 우선되는 것은 당연히 자신의 신체적 특성에 대한 객관적 평가다. 몸을 사용하는 스포츠는 다른 어떤 것보다 사람의 신체구조가 성과를 크게 좌우한다. 신체적 특성이 특정 스포츠 종목에 적합하다면, 그 다음으로 중요한 것은 체계적인 조기교육이다. 인간의 학습 중 특히 운동의 기본기와 같은 신체학습은 이른 시기부터 이루어지는 것이 매우 중요하다. 이른 시기에 이루어질수록 몸이 더 강력하게 기억하고 또 오래 기억하기 때문이다.

그리고 조기교육 시 주의해야 할 것은 일반적인 소양 교육도 소홀히 해서는 안 된다는 것이다. 종목에 따라 차이가 있기는 하지만 대부분의 스포츠는 선수 생명이 20대 또는 30대에 끝난다. 영광의 순간, 즉 '명예'도 이때 맛본다. 이는 곧 스포츠를 통한 '명예'를 자신의 '행복가치'로 추구하더라도 삶에 있어서의 대부분의 시간은 그냥 평범한 시민으로 살아가야 한다는 의미다. 그리고 영광의 순간도 삶 대부분의 기간 동안 기억과 추억으로 존재할 뿐이라는 것이다. 따라서 일반적인 시민의 삶을 사는 데 필요한 소양 교육이 조기 특성 집중 교육으로 인해 소홀해진다면, 그 본인은 결국 삶의 시간 대부분을 건강한 시민으로 살아갈 수 없게 된다.

무소유 행복론을 추구하는 이들이 실제로 무소유 정신을 실천하면서 선택할 수 있는 직업 또는 삶의 모습은 상당히 제한적이다. 무소유의 실천과 일반적인 삶인 '결혼+자녀양육+도시생활'을 양립하기가 현실에서 쉽지 않기 때문이다. 현실에서 무소유의 삶을 실제로 실천하려면 '결혼+자녀양육+도시생활'의 일부를 내려놓아야 하고, '결혼+자녀양육+도시생활'과 같은 일반적인 모습의 삶을 유지하려면 '무소유'의 행복가치는 마음속으로나 그릴 뿐 현실에서는 사실 포기해야 한다.

현실에서 진짜 무소유의 삶은《무소유》를 저술한 법정 스님이나 무소유의 모범을 보인 김수환 추기경과 같은 독신 성직자들에게서 찾아볼 수 있다. 그리고 일찍이 번잡한 도시를 떠나 자연에 귀의해 자연의 일부가 되어 사는 '자연인' 또는 일부 대중음악인이나 연극인처럼 자신이 진짜 좋아하는 일을 자유롭게 계속 하기 위해 결혼은 물론 물질적 편의를 포기하고 수입에 맞춰(?) 삶을 살아가는 '도시의 자연인'이 있을 수 있다.

스님, 즉 비구(남자 스님) 또는 비구니(여자 스님)가 되기 위한 '동력인-학습 실행'은 불가에 출가하여 행자→사미/사미니→비구/비구니(조계종 기준)의 단계를 밟는 것이다. 물론 단계를 밟아 올라가기 위해서는 학습과 자격 검증을 거쳐야 한다. 행자에서 예비승려인 사미/사미니가 되기 위해서는 소정의 교육과정과 5급 승가고시를, 사미/사미니에서 정식 스님인 비구/비구니가 되기 위해서는 4년간의 승가대학(강원) 과정과 4급 승가고시를 거쳐야 된다. 4급 승가고시를 통과하면 정식으로 스님이 되는 구족계具足戒를 받는다.

카톨릭 신부가 되기 위한 '동력인-학습 실행'은 먼저 신의 부름인 성소聖召를 받은 가톨릭 신자로 중·고등학교 때부터 성당에서 교리와 사제직 수행에 대한 기본 소양을 학습해야 한다. 그리고 대학을 신학교로 진학해 4년, 이어 대학원에 들어가 3년간 신학을 공부하면 부제서품을 받고, 부제서품을 받은 뒤 1년이 지나면 사제서품을 받는다. 이때부터 신부로서 정식으로 사목활동을 할 수 있게 된다.

'자연인'은 '깊은 산속 자연인'이든 '도시의 자연인'이든 직업이 '자연인'이라기보다 삶의 모습이 '자연인'이다. 따라서 '자연인'이 되기 위해서는 특별한 '동력인-학습 실행'이 필요하다기보다 자연인으로서의 태도, 즉 그 사람의 생각과 말과 행위가 모두 '자연인'의 삶에 걸맞아야 한다. 즉 할 수 없어 '자연인'으로 사는 것이 아니라 주체적으로 자연인의 삶 자체를 즐기는 태도여야 한다. 그럴 때 자연인의 삶은 진정으로 '무소유'를 자신의 행복가치로 삼는 행복한 삶이 될 수 있다. '무소유'를 진정으로 자신의 '행복가치'로 삼는다는 차원에서는 법정 스님 또는 김수환 추기경의 삶과 전혀 다름이 없는 삶이다.

그리고 보면 '무소유 행복론'은 보편적인 삶을 사는 사람들에게 있어서는 하나의 행복론으로 특별한 의미를 갖지 못한다. 현실적으로 갑남을녀가 선택할 수 있는 행복론이 못되기 때문이다. 행복론으로서 대안alternative 또는 대체재substitutes가 될 수 없다면, 무소유 행복론의 의미는 무엇일까? 그것은 바로 성공 행복론의 필연적 산물인 끝없는 탐욕에 대한 완화제로서의 역할이다. 한마디로, 여러 다른 행복론들에 대한 대체재라기보다 성공 행복론에 대한 보완재complementary goods로서의 기능이다. 성공 행복론을 추구하는 이들이 탐욕의 나락에 빠져 행복을 지나치고 마는 일이 없도록 도와주는 필수 보완재로서의 역할이다.

도덕 행복론은 자신의 이익을 희생시켜가면서까지 타인의 이익을 위하는 도덕적 행위, 즉 적극적 이타적 행위에서 행복을 느끼는 행복론이다. 도덕 행복론에서의 '형상인−직업 선택'으로 가장 좋은 것은 당연히 '직업' 자체가 '순수 봉사활동'인 경우다. 그런데 자본주의 사회에서 직업 자체를 순수 봉사활동으로 할 수 있는 사람은 극소수다. 큰 유산을 물려받지 않았다면 모두 직업을 통해 생계를 유지할 수밖에 없다. 따라서 '도덕'이라는 '행복가치'를 위한 현실적인 '형상인-직업 선택'은 속성상 '부가적으로' 이타적 행동을 하기 가장 좋은 그런 직업이다. 바로 변호사나 의사와 같은 전문직, 자영업자나 프리랜서, 연예인이나 사업가 그리고 직업 구분은 아니지만 법정근무시간이 잘 지켜지고 휴가제도가 잘 되어 있는 직장이 여기에 해당된다.

전문인이 되기 위한 '동력인-학습 실행'은 정해져 있다. 해당 분야를 전공으로 선택하고 오랜 기간 동안 많은 지식을 쌓고 자격시험을 통과하는 것이다. 자영업이나 사업은 앞의 성공 행복론에서 '물질적 성공'이나 '자유'를 목표로 사업을 하는 경우와 같다. 프리랜서는 작가나 예술가와 같은 고전적 분야부터 시작해 웹툰 작가와 같은 신개념 분야에 이르기까지 다양하다. 이런 프리랜서 세계는 4차 산업혁명에 따른 환경 변화와 사람들의 기호 다변화로 새로운 프리랜서 분야의 등장과 함께 더욱 확대될 전망이다. 프리랜서를 꿈꾼다면 기존의 고전적 프리랜서도 좋겠지만 4차 산업혁명과 사람들의 기호 변화가 가져올 새로운 프리랜서 분야를 찾아보는 것도 좋다. 그리고 거기에 맞춰 필요한 지식과 경험을 쌓을 필요가 있다. 연예인은 감성 영역이기 때문에 먼저 자신이 해당 분야에 소질이 있는지를 다양한 방법을 통해 객관적으로 점검해볼 필요가 있다. 그리고 난 다음 조기교육 시작과 함께, 연예인으로 진출하는 다양한 채널 중 어떤 쪽을 택할 것인지를 결정한다. 그리고 거기에 맞는 실기와 이론 학습을 해나간다.

법정근무시간이 잘 지켜지고 휴가제도가 잘 되어 있는지 그렇지 않은 지는 업종, 기업문화, 노조 존재 여부 등에 따라 많이 좌우된다. 일반적으로 사기업보다는 공직이, 권위적인 기업문화보다는 민주적인 조직이, 노조가 없는 조직보다는 있는 조직이 법정근무시간이 더 잘 지켜지고 휴가제도도 잘 되어 있다. 따라서 일상적으로 봉사활동을 하기 위해서는 이런 직장을 찾아 선택하고, 그 직장에 들어가기 위한 자격이나 조건이 무엇인지를 파악해 거기에 필요한 학습과 노력을 해나가야 한다.

이성 행복론은 이성을 갈고닦는 과정에서, 이성을 적극적으로 활용하는 데서 행복을 찾는 행복론이다. 따라서 이성 행복론의 '형상인—직업 선택'은 교수, 교사, 컨설턴트, 연구원, 기자 또는 논리·사실을 다루는 작가, 출판업 운영과 같이 주로 지식을 다루는 역할이다. 교수, 기자 등 '이성'을 '행복가치'로 삼는 직업들의 '동력인-학습 실행'은 대부분 공통적으로 지식을 끊임없이 축적하면서 동시에 새로운 관점을 생각해내 지식을 새롭게 가공하는 훈련을 하는 것이다. 즉 학습, 생각하기 그리고 글로 풀어내기를 끊임없이 훈련하는 것이다. 3가지 순환 과정을 반복함으로써 학습이 자극받고 생각이 확장되고 글 쓰는 기술이 향상된다. 물론 교수나 기자 등이 되기 위한 관심 분야의 전공 선택과 과정 이수는 필수다. 전공과 과정 이수가 형식이라면 학습&생각하기&글쓰기 훈련은 그 형식을 충실하게 채우기 위한 내용이다.

교수, 기자 등이 되더라도 축적된 지식이 풍부하고 새로운 관점을 찾아내고 또 그것을 생각대로 글로 풀어내지를 못하면 '이성'이라는 '행복가치'는 현실에서 실현되지 않는다. 즉 이성 행복론은 교수나 기자 등이 되는 데서 실현되는 것이 아니라, 교수 또는 기자가 하는 일, 즉 자신이 만든 지식의 내용이 얼마나 충실하냐에 따라 실현된다.

종교 행복론은 신의 말씀에 충실하거나 종교적 깨달음을 추구하는 데서 행복을 느끼는 행복론이다. 종교 행복론을 실현하기 위한 가장 좋은 '형상인-직업 선택'은 당연히 스님이나 신부 또는 목사와 같은 성직자가 되는 것이다. 스님이나 신부가 되기 위해 해야 할 '동력인-학습 실행'은 앞의 무소유 행복론에서 이미 언급했다. 스님은 일단 출가를 해 행자→사미/사미니→비구/비구니 단계를 거치면서 5년 가까운 학습을 해야 하고, 신부는 일찍부터 성당에서의 예비학습을 거쳐 신학교 및 신학대학원의 7년 학습 과정을 거쳐야 한다. 목사가 되기 위해서는 신학대학원을 졸업해야 한다. 개신교 교단에 따라 목사가 되기 위한 조건이 조금씩 다르기는 하지만 주요 교단들은 신학대학원 졸업을 요구한다. 일반적으로 신학대학원을 마쳐야 목사고시를 볼 수 있는 자격이 부여된다. 따라서 목사가 되기 위한 '동력인-학습 실행'은 제일 먼저 교회를 다니면서 종교적 생활을 하고, 자신이 다니는 교단의 신학대학 또는 일반대학의 신학과에 진학해 신학을 공부하고 난 다음 신학대학원에 진학한다. 그리고 신학대학원을 졸업하고 나서 목사고시를 본다. 목사가 되기 위한 전 단계 역할로는 전도사, 강도사가 있는데, 전도사 또는 강도사가 되기 위한 자격은 개신교 교단에 따라 차이가 있다.

같은 종교 행복론자이지만 모두가 성직자가 되기를 원하는 것은 아니다. 본업을 가지면서 종교생활을 병행하기를 바라는 이들도 많다. 이런 경우는 해당 종교의 가르침을 미션이나 가치로 공개적으로 표방하는 기업이나, 자신의 종교생활과의 갈등을 최소화할 수 있는 조직을 직장으로 선택하는 것이 좋다. 그리고 그런 기업이나 조직이 필요로 하는 소양을 자신의 '동력인-학습 실행'으로 삼을 필요가 있다.

　감성 행복론은 자신의 '행복가치'를 '감성'에 두는 행복론이다. 바로 예술이나 문학과 같이 감성을 추구하고 활용하는 것을 자신의 '형상인-직업 선택'으로 한 행복론이다. 우리나라와 같이 문화 향유 수준이 그리 높지 않은 사회에서 가장 현실적인 '형상인-직업 선택'은 예술이나 문학을 가르치면서 동시에 자신이 직접 그 활동들을 병행할 수 있는 해당 전공의 교수 또는 교사가 되는 것이다. 그리고 그 다음으로는 간접적이긴 하지만 예술이나 문학 활동에 대한 관심 자체가 생계해결 수단이 될 수 있는 해당 분야 전문기자 또는 출판업 등에 종사하는 것이다. 물론 생계 보장이 되는 국공립, 방송국 또는 특정 예술단체에 소속되어 활동하는 방법도 있다.

　교수나 교사가 되기 위한 '동력인-학습 실행'은 해당 예술 또는 문학을 전공하고 학위를 받는 것이다. 물론 감성활동인 만큼 해당 분야에서의 뛰어난 활동으로 그 분야 전문가들로부터 높은 평가도 받아야 한다. 그러려면 조기 특성 교육과 더불어, 교수·교사가 되기 위한 일반 학습에 노력을 많이 기울여야 된다. 예술이나 문학 전문기자 또는 편집자·출판인이 되기 위해서는 무엇보다도 해박한 지식을 갖추어야 한다. 그리고 그 지식은 예술·문학 분야에 국한되지 않은, 예술·문학을 인간 존재 및 사회 현상들과 다양한 관점으로 연결하면서 그 의미를 풍부하게 해석해낼 수 있는 수준이어야 한다. 따라서 예술이나 문학 전문 기자, 편집자 또는 출판인이 되기 위한 '동력인-학습 실행'은 그 분야에 대한 전문적 지식, 예술 또는 문학에 대한 다양한 경험 그리고 거기에 철학·심리학·사회학·역사 등 인문학 절반에 걸친 소양을 오랫동안 꾸준히 학습을 통해 축적하는 것이다.

특정 조직에 소속되어 예술활동을 하는 것은 장점과 함께 한계를 지닌다. 안정적·지속적으로 예술활동을 할 수 있는 반면에, 창의적인 감성활동을 방해받을 가능성이 있다. 감성 행복론의 '감성'은 글자 그대로 '감성', 즉 '자신만의 느낌'을 노래로, 연주로, 그림으로 또는 글로 자유롭게 창의적으로 표현하는 것인데, 조직에 고용되면 그 단체의 설립 목적이나 조직문화에 따라 또는 자신의 안주로 자유로운 창의성 발휘가 억제되거나 소멸되기 쉽다는 것이다. 생계보장이 감성 행복론을 지속적·안정적으로 추구할 수 있게 하지만, 역으로 생계보장에 따른 구속과 안주가 창의적인 '감성'활동을 방해해, 결과적으로 '감성 행복'이 제대로 실현되지 못하게 되는 모순이 발생할 수 있다. 감성 행복론의 현실적 딜레마다.

_____ 님의 행복 로드맵

* 작성일: 2018. 1. 1
* 나 이: 17세

로드맵 선택	나의 행복 계획	로드맵 실행
1. 목적인-행복가치 선택* 1	이성 행복론	4. 목적인-행복가치 실행
2. 형상인-직업/취미 선택* 2	사회과학 저술가(모델: 제러미 리프킨)	3. 형상인-직업/취미 실행
3. 동력인-학습&노력 선택* 3	1. 목표 -2021년 연세대학교 사회학과 입학 -2027년 졸업 후 언론사 기자 입사 -해외특파원 근무(세계 저명인사 인터뷰, 해외 현장경험 등) -입사 후 3년째부터 매년 1권 책(글로벌 대상) 저술 -입사 10년차 퇴직(책 인세로 생활이 가능하게 한 다음), 전문 저술가로 활동 2. 규칙적으로 해야 할 일 -월 1회 사회과학 및 인문학 책 1권 필독(비판적 독서) -월 1회 특정 주제 잡아 글쓰기(6천자 이상) -월 1회 독자 투고란 글 보내기(기자 될 때까지) -주 1회 유명 강연 인터넷 청취 3. 기타 -글쓰기 모임 정기적 활동 -인문학 인터넷 특강 청취	2. 동력인-학습&노력 실행
4. 질료인-로드맵 작성	2018년 1월 1일	1. 질료인-로드맵 작성

*1. 6가지 행복론 중 하나(또는 자신이 생각하는 다른 행복가치)
*2. 직업(실버세대는 취미)은 구체적으로 정할 것
*3. 학습&노력은 시간 계획과 함께 구체적으로 정할 것

젊은 날부터 언젠가 동양철학을 깊이 공부해보겠다고 생각해온 은퇴 공직자 사례

_____ 님의 행복 로드맵

* 작성일: 2018. 1. 1
* 나 이: 61세

로드맵 선택	나의 행복 계획	로드맵 실행
1. 목적인-행복가치 선택*¹	이성 행복론	4. 목적인-행복가치 실행
2. 형상인-직업/취미 선택*²	사서삼경 원전 읽기	3. 형상인-직업/취미 실행
3. 동력인-학습&노력 선택*³	1. 목표 -2018.7월 한국학중앙연구원 청계서당 기초 과정 입학 -2019.7월 한국학중앙연구원 청계서당 연수 과정 입학 -2021.7월 한국학중앙연구원 청계서당 고급 과정 입학 2. 서당 입학 준비 -입학자격 서당에 자세히 문의 -지인 중 청계서당 다녔거나 다니는 사람 파악 해 문의 3. 입학 전 학습 -천자문, 논어 해설서 공부 -동양철학 배경이 되는 사마천의 사기 완독	2. 동력인-학습&노력 실행
4. 질료인-로드맵 작성	2018년 1월 1일	1. 질료인-로드맵 작성

*1. 6가지 행복론 중 하나(또는 자신이 생각하는 다른 행복가치)
*2. 직업(실버세대는 취미)은 구체적으로 정할 것
*3. 학습&노력은 시간 계획과 함께 구체적으로 정할 것

'동력인−학습 실행'은 구체적으로 무엇인가를 실천하는 것이다. 실천은 다름 아닌 결과를 얻기 위한 것이다. 바로 '형상인−직업 선택'에서의 그 '직업(실버세대는 취미)' 또는 특정한 '삶의 상태'로 가기 위한 것이다. 그렇다면 '동력인−학습 실행'에서 핵심은 '학습 실행'을 효과적·효율적으로, 즉 자신이 원하는 그 '직업(또는 취미)' 또는 '삶의 상태'로 제대로 가면서 잘 갈 수 있어야 한다.

다양한 '학습 실행'을 가장 효과적·효율적으로 하는 방법은 다름 아닌 '승僧'이다. 불교에서는 불佛·법法·승僧, 즉 '불교의 종조인 부처님', '불교의 가르침인 진리' 그리고 '그 진리를 추구하는 이들의 공동체' 세 가지를 삼보三寶, 즉 '가장 소중한 세 가지 보물'로 친다. 불교가 있기 위해서는 당연히 불교를 시작한 종조佛와 그 지향하는 바法가 있어야 한다. 그런데 여기에 '공동체僧'가 추가되는 이유는 무엇일까?

석가모니의 제자 아난존자가 한번은 석가모니에게 '부처님이시여, 저는 좋은 벗들과 함께 있는 것이 도의 절반은 된다고 생각합니다. 부처님께서는 어떻게 생각하십니까?'라고 물었다. 그러자 석가모니가 '아난이여 그것은 도의 절반이 아니라 전부이니라'라고 대답한다.[71]

학교가 존재하는 이유는 한꺼번에 많은 사람을 가르치기 위한 것도 있지만, 배우려는 사람들이 함께 모여 공부할 때 그 공부 효과가 훨씬 더 커지기 때문이다. 우수반이나 고시반 같은 반을 별도로 두는 이유 역시 그렇다. 그렇게 '특정한 목적을 가진 사람들이 함께 모여 학습을 할 때(僧승)' 그 학습 효과는 혼자 할 때보다 훨씬 더 높아진다. 그래서 법조인을 꿈꾸는 사람들은 그런 이들끼리 모여서 공부하고, 도둑질을 생각하는 사람들은 영화 〈도둑들〉에서처럼 그들끼리 무리지어 공동으로 연구하고 학습을 한다. 모두 자기들이 지금 하고 있는 것을 더 잘하기 위해서다.

무엇인가를 하기 위해서는 어디에 몸을 담그느냐, 어떤 무리와 함께하느냐가 중요하다. 석가모니는 그것이 학습의 효과를 결정하는 전부라고 단언했다. '동력인-학습 실행'을 잘하기 위한 핵심은 같은 '형상인-직업 선택', 즉 같은 '직업' 또는 같은 '삶의 모습'을 지향하는 사람들과 무리지어 함께 노력을 하는 것이다. 바로 승僧이다.

자기 철학이 필요한 시간

질료인 – 현재의 나

행복 로드맵을 만드는 데 있어 '질료인', 즉 행복가치를 실현하기 위한 '재료'는 바로 '현재의 나'다. 우리는 행복 로드맵을 아리스토텔레스의 4가지 원인에 비추어 설계하고 있다. 바로 목적인, 형상인, 동력인 그리고 질료인 4가지다. '실내 장식'을 목적으로, '설계도면'에 그려진 형상에 따라, '대리석'을 재료로, '정으로 쪼는 작업'을 해 조각을 만든다면, '실내 장식'은 '목적인', 조각의 '설계도면'은 '형상인', '정으로 쪼는 작업'은 '동력인' 그리고 '대리석'은 '질료인'이 된다.

그런데 조각을 만드는 데 있어서의 '질료인'인 '대리석'과, 행복가치를 실현하는 데 있어서의 '질료인'인 '현재의 나' 사이에는 같은 점과 다른 점이 있다. 같은 점은 둘 다 각각의 목적을 위한 '재료'라는 것이고, 다른 점은 '대리석'은 이 세상 수많은 대리석 중에서 최고의 대리석을 선택할 수 있는 데 반해 '현재의 나'는 선택의 여지가 없다는 것이다. 즉 조각을 할 때는 명작을 만들기 위해 처음부터 토스카나의 세계 최고 카라라Carrara산 대리석을 선택할 수 있고 또 당연히 그런 선택을 하겠지만, 자신의 행복가치를 실현하는 데는 그 재료가 다름 아닌 '현재의 나'로서 달리 선택의 여지가 없다는 것이다. 좋으나 싫으나 '현재의 나'를 가지고 행복 실현을 하는 수밖에 없다. 난감하다(?)는 생각이 들 수 있다.

그런데 다행스런 것은 인간인 '현재의 나'는 '대리석'과 달리 '의지'라는 것을 가지고 있다는 점이다. 따라서 행복 로드맵 작성 4단계 중 마지막인 '질료인―현재의 나'에서는 '나를 자신의 행복의 재료로 내놓는 것' 자체와 함께, 자신의 의지를 활용하여 '나를 좋은 품질의 재료로 내놓는 것'이 필요하다.

먼저 '질료인―현재의 나'는 대리석을 조각의 재료로 내놓는 것처럼, '나를 자신의 행복의 재료로 내놓는 것' 자체다. '나를 자신의 행복의 재료로 내놓는 것'은 바로 지금 하고 있는 중인 '행복 로드맵을 작성하는 것'이다. 즉 그냥 막연하게 '행복하게 살고 싶다' 또는 '저 사람처럼 되면 너무 행복하겠다'와 같은 무계획적·무의지적인 태도로부터 벗어나, 행복 로드맵 작성을 통해 구체적·체계적·주도적으로 자신의 행복을 추구하는 것이다. 막연하게 '행복하게 살고 싶다'는 것은 글자 그대로 그야말로 막연하다. 목적지도 정하지 않은 채 비행기가 공항을 이륙하는 것과 다름없다. '행복하게 살고 싶다'의 '행복'이 구체적으로 무엇인지 고민도 해보지 않았는데 시간이 지나 진짜 '행복'에 이르렀다면, 그것은 비행기가 네비게이터도 없이 되는 대로 날다 엔진 고장으로 아무 곳이나 비상착륙 했는데 정신 차리고 보니 그곳이 바로 와이키키 해변이 펼쳐져 있는 하와이 공항 활주로인 것과 같다. '저 사람처럼 되면 너무 행복하겠다'라는 태도도 그와 마찬가지다.

남의 떡이 커 보인다고 하지만, 사실 입맛에 맞는 떡은 서로 간에 제각각이다. 지문이 다르고 홍채가 다르듯 사람들을 행복하게 하는 주요 행복가치 역시 모두 다르다. 부富가 커질수록 공허함을 느끼는 사람도 있고, 도덕적 행위 뒤 밀려오는 뿌듯한 마음을 전혀 공감하지 못하는 사람도 있다. 각자 자신만의 구체적·체계적·주도적 행복 설계가 필요하다. 즉, 자신의 '행복가치'(목적인)를 정하고, 그 가치를 가장 잘 실현시킬 수 있는 '직업(또는 취미)' 또는 '삶의 모습'(형상인)을 정하고, 그 다음 그 '직업(또는 취미)'이나 '삶의 모습'으로 가기 위한 '학습과 노력'(동력인)을 정해 실천해야 한다. 그것이 바로 '나를 자신의 행복의 재료로 내놓는 것' 자체, 즉 '질료인-현재의 나' 단계다.

'나를 좋은 품질의 재료로 내놓는 것'은 조각을 할 때 잡석과 다를 것 없는 허접한 대리석이 아닌 카라라산 대리석을 구해 조각을 하는 것과 같다. 카라라산 대리석으로 조각을 한다고 해서 반드시 미켈란젤로의 피에타가 탄생하는 것은 아니다. 그러나 잡석과 다름없는 대리석으로 조각을 한다면 그 결과는 필연적으로 졸작이거나 도중 작파다. 작업 도중 재료에 금이 갈 수도 있고 작품으로 완성되더라도 빛깔이나 결이 수려하지 않을 것이기 때문이다.

그렇다면 자신의 의지를 활용하여 '나를 좋은 품질의 재료로 내놓는 것'은 구체적으로 무엇일까?

바로 스스로 '철학하는 자세'를 갖추는 것이다. 칸트는 자신의 학생들에게 항상 '철학을 배우지 말고 철학하는 것을 배우라'고 했다. '철학하는 것'은 무엇일까? 그것은 바로 '자신의 이성을 사용하여 스스로 생각하고, 스스로 판단하고 그리고 스스로 행동하는 것'을 말한다.[72] 신유학Neo Confucianism인 성리학을 연 주희 (1130-1200)는 동양에서의 학문 출발 첫 단계인 '격물格物'을 '한 사물의 이치를 극진히 궁구하는 것(窮盡一物之理궁진일물지리)', 즉 '하나의 사물의 이치를 끝까지 파고드는' '궁리窮理'라고 하였다. '사물의 이치'는 '그 사물이 그렇게 존재하게 된 까닭(所以然之故소이연지고, Why?)'과 '그 사물이 작용하는 법칙(所當然之則소당연지칙, What?)' 두 가지다.[73] 주희 역시 칸트와 마찬가지로 자신의 이성을 활용하여 스스로 생각하는 것이 중요하다고 했다. 그것도 끝까지 파고드는 자세로.

이성을 활용해 스스로 생각하는 방법론은 바로 '논리'와 '사실', 즉 연역법과 귀납법이다. 행복을 추구하는 데 '철학하는 자세'가 필요한 이유는 다름 아니다. 이성을 활용하여 스스로 생각하고 스스로 판단하여 선택한 행복가치가 아니면 그 행복가치는 수시로 바뀌기 쉽다. 그렇게 되면 흔들리는 과녁에 화살을 겨냥하는 것처럼 행복가치를 실현하기 위한 자신의 삶의 모습과 노력 대상 역시 끊임없이 흔들려 결국 자신의 행복은 실현되지 못하게 되고 만다.

또한 각각의 행복론들이 가지고 있는 한계를 극복하기 위해서도 철학하는 자세는 필요하다. '성공'이 넘쳐 방종, 심지어 자기 파괴로 가는 것을 막기 위해 자기 철학이 필요하고, '무소유'가 일시적인 도취가 아닌 지속적이면서도 안정적인 삶의 태도가 되기 위해 자기 철학이 필요하고, '이성 행복론'은 이성의 본질상 마땅히 자기 철학이 필요하고, 그리고 '도덕 행복론' 역시 일시적 자기 만족이 아닌 진정한 행복이 되기 위해 자기 철학이 필요하다. 스스로를 공감시킬 수 있고 스스로를 붙들어 맬 수 있고 또 스스로 정한 행복가치가 자신의 진정한 가치로서 영속성을 갖는 데 '자기 철학'의 필요성은 절대적이다. 그리고 그 '철학'은 바로 자신의 이성을 통한 논리적·사실적 검증 과정의 '철학하는 자세'를 통해 만들어진다.

로마제국의 초대 황제 옥타비아누스(BC63~AD14)는 '벽돌의 도시로 물려받은 로마를 대리석의 도시로 물려주었다'라고 말했다.[74] 세계의 수도, 세계 최고의 도시인 로마를 대리석으로 화려하게 갈아입힌 자신의 업적에 대한 자부심의 표출이었다. 이때 로마의 모습을 화려하게 바꾼 대리석이 바로 순백으로 빛나는 카라라산 대리석이었다. 미켈란젤로(1475~1564)와 헨리 무어(1898~1986)가 즐겨 애용했던 바로 그 이름 높은 이탈리아 토스카나 주의 카라라산 대리석이다.

자신의 행복가치 실현을 위해 자신을 재료로 내놓을 때, 스스로 '철학하는 자세'를 갖추는 것은 옥타비아누스가 세계의 수도 로마를 꾸미기 위해 그리고 미켈란젤로가 피에타를 만들기 위해 그 재료로 카라라산 대리석을 선택하는 것과 같다. 로마가 완벽한 세계의 수도로 그리고 피에타가 완벽한 불멸의 명작으로 남은 것처럼, 우리의 행복 역시 완벽에 조금 더 가까워질 수 있는 방법이 있다.

지금, 털끝만큼의 차이를 만든다

행복은 스칼라Scalar가 아닌 벡터Vector다. '얼마나 노력하느냐 (양)'만이 아니라, '무엇(방향)'을 위해 '얼마나 노력하느냐(양)'가 중요하다. 자신을 진정 행복하게 할 것이 '무엇'인지 깊이 생각해보지 않고 '노력'만 했다면 무엇인가 이루기는 했겠지만 삶에서 놓친 소중한 것들이 많을 것이고, 자신을 행복하게 할 것이 '무엇'인가를 정확히 알면서도 '노력'이 뒤따르지 않았다면 삶은 공허하고 자괴감은 클 것이다. 놓친 것이 많은 삶은 후회가 크고, 노력이 결여된 삶은 존재 의미가 옅다. 자신의 '행복가치'를 고민하고 그 행복가치를 이룰 수 있는 현실에서의 가장 적절한 수단을 찾아 노력을 해야 한다. 그렇게 할 때 후회는 줄고 자신의 존재 의미는 커진다. 그것이 바로 행복한 상태다.

《맹자》에서 주희는 '털끝만큼의 차이가 천리를 어긋나게 한다'[75]라고 말한다. 약간의 원인 차이가 시간이 지나면서 큰 결과 차이를 가져온다는 이야기다. 어떤 일이나 목표를 정하고 하는 것과 목표 없이 형편 닿는 대로 하는 것은 그 차이가 크다. 행복은 말할 것도 없다. 수많은 사람들이 한참을 살아보고 난 뒤 '아, 이게 아니었는데, 이렇게 사는 것은 아니었는데', '돈이 전부가 아니었는데' 또는 '다시 한 번 인생을 시작할 수 있다면 얼마나 좋을까'와 같은 한탄과 후회를 한다. 그것은 자신의 삶에서 일찍이 자신의 진정한 '행복가치'가 무엇인지 한 번도 진지하게 생각해본 적이 없었다는 자기 고백이다. 당연히 그것을 이루기 위한 수단이나 노력 계획도 세울 수 없었다는 이야기다. 과녁이 어디에 있는지를 모르는데 과녁의 정곡을 맞힐 수는 없다. 혹시라도 정곡을 맞혔다면 그것은 그야말로 운이다.

그런데 세상에는 행운보다 불운이 훨씬 더 많다. 행운은 수줍어서 사람들이 최선을 다하고 있을 때 어쩌다 한 번 그 사람의 인생을 노크한다. 하지만 불운은 시건방져 마음 내킬 때 언제라도 자기 집 드나들 듯 여기저기 불시에 찾아든다. 혹시라도 운을 기대하고 산다면, 그 운은 행운보다 불운이 될 확률이 더 높다. 사람들이 샐리의 법칙Sally's law은 잘 알지도 못하지만 머피의 법칙Murphy's law은 매우 익숙한 것이 그 경험적 증거다.

그런데 다행스럽게도 '털끝만큼의 차이가 천리를 어긋나게 한다'는 진리는 '지금까지의 삶'에만 적용되는 것이 아니다. '앞으로의 삶'에도 적용된다. 살아있는 이상 '지금부터의 삶'이 '지금까지의 삶'보다 100배, 1,000배 더 소중하다. 앞으로의 삶을 가장 행복하게 살 수 있는 방법은 다름 아니다. 지금 당장 행복 로드맵 작성에 나서는 것이다. 지금 바로 '털끝만큼의 차이'를 만드는 데 나서는 것이다.

털끝만큼의 차이가 천리를 어긋나게 한다. —주희

사람들이 생각하는 주요 '행복가치'에는 6가지가 있다. 성공, 무소유, 도덕, 이성, 종교, 감성이다. 이들 중 어느 하나를 자기 삶에서 실현함으로써 사람들은 행복을 느낀다. 그리고 이 '행복가치'를 실현하는 방법은 바로 자신의 '직업(또는 취미)' 또는 '삶의 모습'을 통해서다. 우리가 깨어 있는 동안 대부분의 시간과 노력을 들이는 대상이 '직업'이다. 그런데 직업은 두 가지 의미를 지닌다. '먹고살기 위한 수단'과 각자의 '존재 의미 실현'이다. 각자의 존재 의미란 다른 것이 아니다. 그 직업이 나의 삶, 즉 내 적성과 사고방식, 삶에 대한 태도 형성에 큰 영향을 미친다는 것이다. 적성과 사고방식, 삶에 대한 태도 그것은 곧 '나 자체'다.

행복 로드맵에서의 핵심 고리가 바로 여기에 있다. '직업'을 통해 형성되는 적성과 사고방식, 삶에 대한 태도를 바로 '행복가치'와 연결시키는 것이다. 자신의 '행복가치'에 직업활동 결과

형성될 적성, 사고방식 그리고 삶에 대한 태도가 일치되도록 행복 설계를 하면 많은 사람들이 좀 더 손쉽게 행복해질 수 있을 것이라는 이야기다. 그렇게 하기 위해서는 제일 먼저, 자신의 주요 '행복가치'(목적인)가 무엇인지를 정하고, 이 '행복가치'를 실현시킬 수 있는 가장 적절한 '직업'(형상인)이 무엇인지 선택하고, 그리고 이 '직업'을 갖기 위한 '노력과 학습'(동력인)을 정해 그것들을 시간 계획에 따라 실천해나가야 한다. 이런 구체적·체계적·주도적 행복 계획을 세우는 것이 바로 자신을 스스로의 행복을 위한 재료(질료인)로 내놓는 것이다.

'행복가치' 6가지는 '행복가치'가 대체적으로 6가지로 모아진다는 것이지, 6가지만 있다는 이야기는 당연히 아니다. 자신의 행복가치가 6가지 중 그 어느 것에도 해당되지 않는다면 당연히 자신이 생각하는 '행복가치'를 행복 로드맵 작성에서 목적인으로 내세울 수 있다.

그리고 각각의 '행복가치'를 실현하는 주요 수단인 '직업(또는 취미)' 역시 여기에서 제시하는 것만 있는 것이 아니다. 이 세상에는 셀 수 없을 정도로 많은 직업들이 존재한다. 그 수많은 직업들을 필자가 다 알고 있지도 못하고 또 알 수도 없다. 여기에서의 각 '행복가치'별 직업들은 참고용일 뿐이다. 그리고 또한 저자의 고정관념이 반영된 직업관일 수도 있다. 당연히 자신의

'행복가치'를 이루기 위한 가장 적절한 직업이 무엇인지를 각자 추가로 알아보아야 한다.

특정 직업을 자기 직업으로 만들기 위해 어떤 노력들을 해야 할 것인가 하는 질문에 대한 답은 그야말로 제각각이다. 성공한 사업가가 되는 데 어떤 이는 대학공부 같은 것은 필요 없다고 말하고, 또 어떤 이는 조직관리에 대한 경영학이나 기술 원리에 대한 공학 공부가 필수라고 말하기도 한다. 그렇게 갈라지는 이유는 다름 아니다. 어느 한 결과를 가져오는 데 작용하는 다양한 원인들의 조합이 매우 복잡하기 때문이다. 조합에 따라 정반대 성격의 원인이 둘 다 어느 한 목표를 이루게 한 핵심 요인이 될 수도 있다. 특정 직업을 갖기 위해 어떤 노력들을 해야 하는가에 대한 모범답안은 바로 그 분야에서 행복을 이룬 몇몇 사람들의 노력과 학습 과정을 참고하고, 그중 하나를 자신의 모델로 세우는 것이다.

행복 로드맵은 한 번 작성으로 완성되지 않는다. 최초 작성 후 해마다 매년 초 또는 몇 년 단위로 '행복가치', '직업' 그리고 '노력과 학습' 실행을 다시 검토해야 한다. 그런 실천과 피드백이 순환적으로 반복 검토되면서 자신의 '행복가치'는 보다 선명해지고, '직업(또는 취미)'은 보다 도전적으로 되어가고, '노력과 학습'은 현실적·실천적으로 되어간다.

_____ 님의 행복 로드맵 점검 일지

* 나의 행복가치: _____ 행복론

* 나의 직업/취미: _____

* 행복 로드맵 최초 작성일: _____ 년 _____ 월 _____ 일

* 행복 계획 점검

　① 1차: _____ 년 _____ 월 _____ 일

　② 2차: _____ 년 _____ 월 _____ 일

　③ 3차: _____ 년 _____ 월 _____ 일

　④ 4차: _____ 년 _____ 월 _____ 일

　⑤ 5차: _____ 년 _____ 월 _____ 일

* 나의 확정 행복가치: _____ 행복론

* 나의 확정 직업/취미: _____

* 행복 로드맵 최종 확정일: _____ 년 _____ 월 _____ 일

공자는 '아는 것은 좋아하는 것만 못하고, 좋아하는 것은 즐기는 것만 못하다'[76]고 말했다. '무엇인가를 하게 되었을 때 어차피 할 것이면 즐거운 마음으로 하는 것이 좋다'라는 '좋은 뜻'으로 사람들이 많이 쓰는 내용이다. 생활의 지혜다.

그런데 따져보면 공자의 여느 다른 말이 그렇듯이 그리 단순하지 않다. 좋아하지 않으면서 진정으로 즐길 수가 없고, 제대로 알지 못할 때 진정으로 좋아할 수 없다. 사람을 만났는데 그 사람에 대한 호감이 없으면 그 사람과 함께 있는 것을 즐길 수 없고, 또 그 사람을 제대로 알지 못하면 올바른 호감을 가질 수가 없다. 따라서 제대로 '즐기는 것'이라면 그 안에는 마땅히 '좋아하는 것'과 '아는 것'이 모두 포함되어 있어야 한다. 내가 원하는 '행복가치'가 무엇인지를 정확히 알아야 그것을 진정으로 좋아할 수 있고, 또 나아가 그것을 추구하면서 진정으로 즐길 수 있다. '목적인'이 정해지고 '형상인', '동력인'이 그 뒤를 따르면서 진정한 행복이 실현된다.

전장에서 전투는 두 차례에 걸쳐 이뤄진다고 한다. 한 번은 전투 전날 늦은 밤 장군의 막사에서 도상圖上으로, 그리고 다른 한 번은 이튿날 전장에서 도상 계획의 실제 실행으로. 전투의 승패는 사실 전투 전날 밤 장군의 막사에서 상당 부분 결정된다. 지피지기知彼知己와 함께 얼마나 도상 계획을 제대로 세웠느냐에 따라. 행복 실현도 마찬가지로 두 번에 걸쳐 이뤄진다. 한 번은 행복 로드맵 작성이라는 도상圖上을 통해, 그리고 다른 한 번은 로드맵의 실천을 통해.

지금 이 순간 여러분의 행복은 결정되었다. 지피지기를 하고 구체적·체계적·주도적으로 자신의 행복 계획을 세웠으니.

맺음말

독자님의 '행복 독립선언'을 축하하며

사람은 육체와 정신으로 이루어져 있다. 육체는 음식을, 정신은 가치를 필요로 한다. 따라서 사람은 음식을 섭취하고 더불어 가치도 함께 추구한다. 음식은 생존의 필요조건이다. 가치는 인간적 삶의 의미와 행복 추구의 충분조건이다. 따라서 인간의 행복은 궁극적으로 가치를 추구한다. 그런 의미에서 이 책은 진정한 인간적 행복론이다.

지금까지의 행복론들은 주로 저자가 독자들을 설득하려 들었다. 자신이 주장하는 행복론을 받아들이라는 식이었다. 감성 행복론은 특히 더했다. 논리적 사실적 설득 과정이 생략된 채로 사람들을 자기 연민에 취하게 하거나 교조적으로 규정하려 들었다. 그것은 건강하지 않다. 논리와 사실이 빠진 주장은 알코

올이 되기 쉽고 중세 경전이 되기 쉽다. 알코올과 강요의 끝은 자기 혐오나 환멸이다. 그렇게 되면 그것은 행복론이 아닌 불행론이 된다. 역설이다.

이 책은 행복론이지만 행복 자체를 논한다기보다 행복에 이르는 방법론을 다루고 있다. 그러면서 행복론의 범주라 할 수 있는 6가지 주요 행복론 각각의 의미와 한계를 살펴보고 있다. 따라서 독자들은 6가지 행복론의 의미와 문제점을 함께 전체적으로 살피면서 자신의 행복론을 선택해, 이 책의 방법론에 따라 자신의 행복 로드맵을 만들어간다. 그리고 그것을 실천한다. 그렇게 되면 우리는 지금보다 행복해질 수 있다는 이야기다.

맹자는 '사람의 병통은 자기 밭은 내팽개쳐두고 남의 밭의 김을 매는 것이다. 남에게서 찾는 것은 소중하고 스스로에게 책임을 묻는 것은 가벼이 여긴다'[77]라고 말한다. 사람들은 남의 일에만 관심이 많다는 이야기다. 사람들이 자기 일보다 남의 일에 관심이 많고 말이 많은 것은 남을 많이 사랑해서가 아니다. 자신의 삶을 덜 사랑해서다. 아니 정확히 이야기하면 자신의 삶에 정면으로 맞닥트리기를 두려워해서다. 혹시라도 몹쓸 병이라는 말을 들을까 봐 의사 찾아가기를 꺼리는 우매한 이의 심리처럼.

세상에 태어난 것은 내가 선택한 것이 아니다. 그러나 그 나

머지는 모두 나의 선택이다. 선택은 인
간의 숙명이다. 이성적 존재임을 포기
하지 않는 한 선택은 의무다. 행복하기
를 선택하고 계획해야 한다. 정면으로
자신의 삶과 맞닥트려야 한다. 먼저 내

> 사람들이 자기 일보다 남의 일에
> 관심이 많고 말이 많은 것은 남을
> 더 사랑해서가 아니다. 자신의
> 삶을 덜 사랑해서다. 아니 정확히
> 이야기하면 자신의 삶에 정면으로
> 맞닥뜨리기를 두려워해서다.

밭의 김을 내가 매야 한다. 용기를 내 자신의 삶에 정정당당하
게 승부를 걸어야 한다. 승부에서 지더라도 그것이 인생의 실패
는 아니다. 그만큼 산 것이다. 그만큼 앞으로 나아간 것이다. 그
만큼 느끼고 그만큼 생각한 것이다. 진짜 실패는 이성적이기를,
곧 선택하기를 포기하는 것, 한 발짝도 앞으로 내닫지 못한 채
시간만 죽이는 것이다.

이제 독자님은 행복 독립선언을 했다. 자신만의 '행복 로드
맵Road map for Happiness'을 완성하였다. 이제 독자님 앞에는 '행복 로
드맵'을 실천에 옮기는 일만 남았다. 길의 끝과 중간이 모두 보
인다. 마음이 가볍지 않은가? 가야 할 곳이 있고 그 가는 길이
보이니. 진심으로 독자님의 행복을 빈다.

저자 신동기&신태영

후주

1. 生於憂患생어우환 而死於安樂이사어안락 (맹자2권, 2009, 학민문화사, 392면)

2. 夫力不足則僞부력부족즉위 知不足則欺지부족즉기 (박일봉 편저, 장자 잡편, 2015, 육문사, 208면)

3. 이성규 옮김, 플루타르크 영웅전, 2000, 현대지성사, 944면

4. 아담 스미스, 박세일&민경국 번역, 도덕감정론, 2010, 비봉출판사, 580면 참조

5. 終日馳車走종일치거주 不見所問津불견소문진 (황견 엮음, 이장우 외 옮김, 고문진보 전집, 2004, 을유문화사, 177면)

6. 법정, 무소유, 2001, 범우사, 122면

7. 함석헌 주석, 바가바드기타, 2010, 한길그레이트북스, 61면 참조

8. 신동기, 해피노믹스, 2008, 엘도라도, 65면 참조

9. 잠언 14:20

10. 잠언 30:8-9

11. 貧而無怨難빈이무원난 富而無驕易부이무교이 (논어3권, 2003, 학민문화사, 93면)

12. 無恒産무항산 無恒心무항심 (맹자1권, 2009, 학민문화사, 88면)

13. 조지프 캠벨, 신화의 세계, 1999, 까치, 213면 재인용

14. 其爲氣也기위기야 至大至剛지대지강 以直養而無害이직양이무해 則塞于天地之間즉색우천지지간 (맹자1권, 2009, 학민문화사, 213면)

15. 居天下之廣居거천하지광거 立天下之正位입천하지정위 行天下之大道행

천하지대도 得志득지 與民由之여민유지 不得志부득지 獨行其道독행기
도 富貴不能淫부귀불능음 貧賤不能移빈천불능이 威武不能屈위무불능
굴 此之謂大丈夫차지위대장부 (맹자1권, 2009, 학민문화사, 444면)

16. 仰不愧於天앙불괴어천 俯不怍於人부부작어인 二樂也이락야 (맹자2권,
2009, 학민문화사, 448면)

17. 칸트, 백종현 옮김, 실천이성비판, 2009, 아카넷, 103면

18. 人之所不學而能者인지소불학이능자 其良能也기양능야 所不慮而知者소
불려이지자 其良知也기양지야 (맹자2권, 2009, 학민문화사, 436면)

19. 父母俱存부모구존 兄弟無故형제무고/ 仰不愧於天앙불괴어천 俯不怍
於人부부작어인/ 得天下英才득천하영재 而敎育之이교육지 (맹자2권,
2009, 학민문화사, 447-448면)

20. 성경 마태오 6:2-4

21. 네이버 시사상식사전 참조

22. 임마누엘 칸트, 백종현 옮김, 실천이성비판, 2009, 아카넷, 370면

23. 임마누엘 칸트, 백종현 옮김, 실천이성비판, 2009, 아카넷, 378면

24. 칸트, 백종현 옮김, 실천이성비판, 2009, 아카넷, 168면

25. 열왕기 상 3:9

26. 잠언 7:4

27. 집회서 50:27

28. 賢者현자 亦樂此乎역락차호/ 賢者以後현자이후 樂此낙차 不賢者불현자
雖有此수유차 不樂也불락야 (맹자1권, 2009, 학민문화사, 29면)

29. 矢人시인 豈不仁於函人哉기불인어함인재 矢人시인 惟恐不傷人유공불
상인 函人함인 惟恐傷人유공상인 巫匠무장 亦然역연 故고 術不可不愼
也술불가불신야 (맹자1권, 2009, 학민문화사, 282-3면)

30. 우리한시삼백수 7언절구편, 2013, 김영사, 116면

31. 우리한시삼백수 7언절구편, 2013, 김영사, 126면

32. 及至其致好之也급지기치호지야 目好之五色목호지오색 耳好之五聲이호
지오성 口好之五味구호지오미 心利之有天下심리지유천하 是故權利不
能傾也시고권리불능경야 群衆不能移也군중불능이야 天下不能蕩也천하
불능탕야 (순자, 1991, 홍익신서, 19면)

33. There are better and worse elements in a person's mind, and when the
part which is naturally better is in control of the worse part, then we
use this phrase "self-mastery". But when, as a result of bad upbringing
or bad company, the smaller better part is defeated by the superior
numbers of the worse part, then we use critical and deprecatory
language and describe someone in this state as lacking self-mastery and
discipline (Plato, Republic, 2008, Oxford world's classics, 138p)

34. 從其大體종기대체 爲大人위대인 從其小體종기소체 爲小人위소인

35. 耳目之官이목지관 不思而蔽於物불사이폐어물 物交物則引之而已矣물교
물즉인지이이의 心之官則思심지관즉사 思則得之사즉득지 不思則不得
也불사즉부득야 此天之所與我者차천지소여아자 先立乎其大者선립호기
대자 則其小者즉기소자 不能奪也불능탈야 此爲大人而已矣차위대인이
이의 (맹자2권, 2009, 학민문화사, 314면)

36. As soul and body are two, so also we note two parts of the soul, the
reasoning and the unreasoning; and each of these has its own condition,
of intelligence in the former case, of appetition in the latter. And just as
the body comes into being earlier than the soul, so also the unreasoning
is prior to that which possesses reason. This is shown by the fact that,
while passion and will as well as desire are to be found in children even
right from birth, reasoning and intelligence come into their possession
as they grow older. Therefore the care of the body must begin before

the care of the soul, then the training of the appetitive element, but this latter for the sake of the intelligence, and the body's training for the sake of the soul (Aristotle, The politics, 1992, Penguin classics, 439p)

37. 이성규 옮김, 플루타르크 영웅전 전집, 2003, 현대지성사, 750면

38. L. A. 포이어바흐, 강대석 역, 종교의 본질에 대하여, 한길그레이트북스, 2006, 292면

39. L. A. 포이어바흐, 강대석 역, 종교의 본질에 대하여, 한길그레이트북스, 2006, 82면

40. 김창락 역, 하비 콕스, 종교의 미래, 2011, 문예출판사, 305면 재인용

41. 김창락 역, 하비 콕스, 종교의 미래, 2011, 문예출판사, 189면

42. 마태오 23:2-4

43. 諸惡莫作제악막작 衆善奉行중선봉행 自淨其意자정기의 是諸佛敎시제불교 (강건기, 불교와의 만남, 2002, 불지사, 112면 참조)

44. 김용선 역, 코란, 2011, 명문당, 225면

45. 김용선 역, 코란, 2011, 명문당, 319면

46. 마태 19:18-19

47. 마태 19:21

48. 마태 25:40

49. 최명관 역, 아리스토텔레스, 파이돈, 2001, 을유문화사, 121면

50. 요한1서 4:20

51. 未能事人미능사인 焉能事鬼언능사귀/ 未知生미지생 焉知死언지사 (논어2권, 2003, 학민문화사, 336면)

52. 김창락 역, 하비 콕스, 종교의 미래, 2011, 문예출판사, 33-34면 참조

53. F. 니체, 박찬국 역, 비극의 탄생, 2013, 아카넷, 194-5면

54. 興於詩흥어시 立於禮입어례 成於樂성어락 (논어2권, 2003, 학민문화사, 136-8면)

55. F. 니체, 박찬국 역, 비극의 탄생, 2013, 아카넷, 117-8면

56. 子在齊聞韶자재제문소 三月삼월 不知肉味부지육미 曰왈 不圖爲樂之至於斯也부도위락지지어사야 (논어2권, 2003, 학민문화사, 39면)

57. 2017.1.16일자 동아일보 기사 참조

58. 2013.4.3일자 동아일보 기사 참조

59. 논어2권, 2003, 학민문화사, 1면

60. T. 슐만, 김라경 역, 죽은 시인의 사회, 2001, 시간과공간사, 79면

61. A. 스미스, 박세일 등 공역, 도덕감정론, 2010, 비봉출판사, 544면

62. 네이버 지식백과, 세계의 명시

63. 今之欲王者금지욕왕자 猶七年之病유칠년지병 求三年之艾也구삼년지애야 苟爲不畜구위불축 終身不得종신부득 (맹자 1권, 2009, 학민문화사, 546면)

64. Bertrand Russell, The History of Western Philosophy, 1972, A Touchstone Book, 169p 참조

65. 質勝文則野질승문즉야 文勝質則史문승질즉사 文質彬彬문질빈빈 然後君子연후군자 (논어1권, 2003, 학민문화사, 475면)

66. F. 니체, 박찬국 옮김, 비극의 탄생, 2013, 아카넷, 47면

67. The difference of natural talents in different men is, in reality, much less than we are aware of; and the very different genius which appears to distinguish men of different professions, when grown up to maturity, is not upon many occasions so much the cause, as the effect of

the division of labour. The difference between the most dissimilar characters, between a philosopher and a common street porter, for example, seems to arise not so much from nature, as from habit, custom, and education. (A. Smith, The wealth of nations, 2003, Bantam classics, p25)

68. 矢人시인 豈不仁於函人哉기불인어함인재 矢人시인 惟恐不傷人유공불상인 函人함인 惟恐傷人유공상인 巫匠무장 亦然역연 故고 術不可不慎也술불가불신야 (맹자1권, 2009, 학민문화사, 282-3면)

69. 서울경제 2017.12.7.일자 참조

70. 네이버 지식백과, 한경경제용어사전 참조

71. 강건기, 불교와의 만남, 2002, 불지사, 200-201면 참조

72. I. 칸트, 백종현 역, 실천이성비판, 2009, 아카넷, 316면 참조

73. 변원종, 주자학과 육왕학, 2008, 한국학술정보, 209-225면 참조

74. 윤승준, 하룻밤에 읽는 유럽사, 2004, 랜덤하우스중앙, 81면 참조

75. 毫釐之差호리지차 千里之繆천리지류 (맹자1권, 2009, 학민문화사, 26면)

76. 知之者지지자 不如好之者불여호지자 好之者호지자 不如樂之者불여낙지자 (논어1권, 2003, 학민문화사, 479면)

77. 人病인병 舍其田而芸人之田사기전이운인지전 所求於人者重소구어인자중 而所以自任者輕이소이자임자경 (맹자2권, 2009, 학민문화사)

참고자료

- 강건기, 불교와의 만남, 2002, 불지사
- 논어1권, 2003, 학민문화사
- 논어2권, 2003, 학민문화사
- 논어3권, 2003, 학민문화사
- 네이버 지식백과, 세계의 명시
- 네이버 지식백과, 한경경제용어사전
- F. 니체, 박찬국 역, 비극의 탄생, 2013, 아카넷
- 맹자1권, 2009, 학민문화사
- 맹자2권, 2009, 학민문화사
- 바가바드기타, 함석헌 주석, 2010, 한길그레이트북스
- 박일봉 편저, 장자 잡편, 2015, 육문사
- 변원종, 주자학과 육왕학, 2008, 한국학술정보
- 성경
- 순자, 1991, 홍익신서
- T. 슐만, 김라경 역, 죽은 시인의 사회, 2001, 시간과공간사
- 신동기, 해피노믹스, 2008, 엘도라도
- 아담 스미스, 박세일&민경국 역, 도덕감정론, 2010, 비봉출판사
- 아리스토텔레스, 최명관 역, 아리스토텔레스, 파이돈, 2001, 을유문화사
- 우리한시삼백수 7언절구편, 2013, 김영사

- 윤승준, 하룻밤에 읽는 유럽사, 2004, 랜덤하우스중앙

- 조지프 캠벨, 신화의 세계, 1999, 까치

- 칸트, 백종현 역, 실천이성비판, 2009, 아카넷

- 코란, 김용선 역, 2011, 명문당

- L. A. 포이어바흐, 강대석 역, 종교의 본질에 대하여, 2006, 한길그레이트북스

- 하비 콕스, 김창락 역, 종교의 미래, 2011, 문예출판사

- 황건 엮음, 이장우 외 역, 고문진보 전집, 2004, 을유문화사

- Aristotle, The politics, 1992, Penguin classics

- A. Smith, The wealth of nations, 2003, Bantam classics

- Bertrand Russell, The History of Western Philosophy, 1972, A Touchstone Book

- Plato, Republic, 2008, Oxford world's classics

- 2013.4.3일자 동아일보 기사

_____ 님의 행복 로드맵

* 작성일:
* 나   이:

로드맵 선택	나의 행복 계획	로드맵 실행
1. 목적인 -행복가치 선택*¹	_____행복론	4. 목적인 -행복가치 실행
⇓		⇑
2. 형상인 -직업/취미 선택*²		3. 형상인 -직업/취미 실행
⇓		⇑
3. 동력인 -학습&노력 선택*³		2. 동력인 -학습&노력 실행
⇓		⇑
4. 질료인 -로드맵 작성	_____년 _____월 ____일 작성	1. 질료인 -로드맵 작성

*1. 6가지 행복론 중 하나(또는 자신이 생각하는 다른 행복가치)

*2. 직업(실버세대는 취미)은 구체적으로 정할 것

*3. 학습&노력은 시간 계획과 함께 구체적으로 정할 것

_____ 님의 행복 로드맵

* 작성일:
* 나 이:

로드맵 선택	나의 행복 계획	로드맵 실행
1. 목적인 -행복가치 선택*1	_____행복론	4. 목적인 -행복가치 실행
⬇		⬆
2. 형상인 -직업/취미 선택*2		3. 형상인 -직업/취미 실행
⬇		⬆
3. 동력인 -학습&노력 선택*3		2. 동력인 -학습&노력 실행
⬇		⬆
4. 질료인 -로드맵 작성	_____년 _____월 _____일 작성	1. 질료인 -로드맵 작성

*1. 6가지 행복론 중 하나(또는 자신이 생각하는 다른 행복가치)

*2. 직업(실버세대는 취미)은 구체적으로 정할 것

*3. 학습&노력은 시간 계획과 함께 구체적으로 정할 것

_____ 님의 행복 로드맵

* 작성일:
* 나 이:

로드맵 선택	나의 행복 계획	로드맵 실행
1. 목적인 -행복가치 선택*1	_____행복론	4. 목적인 -행복가치 실행
2. 형상인 -직업/취미 선택*2		3. 형상인 -직업/취미 실행
3. 동력인 -학습&노력 선택*3		2. 동력인 -학습&노력 실행
4. 질료인 -로드맵 작성	_____년 ____월 ____일 작성	1. 질료인 -로드맵 작성

*1. 6가지 행복론 중 하나(또는 자신이 생각하는 다른 행복가치)

*2. 직업(실버세대는 취미)은 구체적으로 정할 것

*3. 학습&노력은 시간 계획과 함께 구체적으로 정할 것

_____ 님의 행복 로드맵

* 작성일:
* 나 이:

로드맵 선택	나의 행복 계획	로드맵 실행
1. 목적인 -행복가치 선택*¹	_____행복론	4. 목적인 -행복가치 실행
2. 형상인 -직업/취미 선택*²		3. 형상인 -직업/취미 실행
3. 동력인 -학습&노력 선택*³		2. 동력인 -학습&노력 실행
4. 질료인 -로드맵 작성	_____년 _____월 ____일 작성	1. 질료인 -로드맵 작성

*1. 6가지 행복론 중 하나(또는 자신이 생각하는 다른 행복가치)

*2. 직업(실버세대는 취미)은 구체적으로 정할 것

*3. 학습&노력은 시간 계획과 함께 구체적으로 정할 것

_____ 님의 행복 로드맵

* 작성일:
* 나 이:

로드맵 선택	나의 행복 계획	로드맵 실행
1. 목적인 -행복가치 선택*1	_____행복론	4. 목적인 -행복가치 실행
⬇		⬆
2. 형상인 -직업/취미 선택*2		3. 형상인 -직업/취미 실행
⬇		⬆
3. 동력인 -학습&노력 선택*3		2. 동력인 -학습&노력 실행
⬇		⬆
4. 질료인 -로드맵 작성	____년 ___월 ___일 작성	1. 질료인 -로드맵 작성

*1. 6가지 행복론 중 하나(또는 자신이 생각하는 다른 행복가치)

*2. 직업(실버세대는 취미)은 구체적으로 정할 것

*3. 학습&노력은 시간 계획과 함께 구체적으로 정할 것

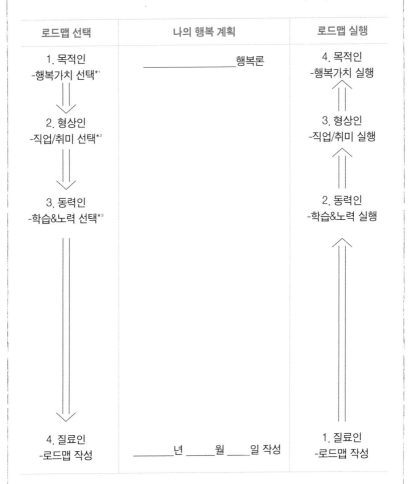

_____ 님의 행복 로드맵

* 작성일:
* 나 이:

로드맵 선택	나의 행복 계획	로드맵 실행
1. 목적인 -행복가치 선택*¹	_____ 행복론	4. 목적인 -행복가치 실행
2. 형상인 -직업/취미 선택*²		3. 형상인 -직업/취미 실행
3. 동력인 -학습&노력 선택*³		2. 동력인 -학습&노력 실행
4. 질료인 -로드맵 작성	_____ 년 _____ 월 ____ 일 작성	1. 질료인 -로드맵 작성

*1. 6가지 행복론 중 하나(또는 자신이 생각하는 다른 행복가치)

*2. 직업(실버세대는 취미)은 구체적으로 정할 것

*3. 학습&노력은 시간 계획과 함께 구체적으로 정할 것

오늘, 행복에 한 걸음 더 다가갑니다

초판 1쇄 발행 2018년 2월 12일

지은이 신동기·신태영
발행인 김시경
발행처 M31

출판등록 제2017-000079호 (2017년 12월 11일)
주소 서울시 강서구 방화대로34길 88, 107-907
전화 02-6052-2044
팩스 02-6053-2044
전자우편 ufo2044@gmail.com

ⓒ 신동기·신태영, 2018

ISBN 979-11-962826-0-8 03190
이 도서의 국립중앙도서관 출판예정도서목록(CIP)은 서지정보유통지원시스템 홈페이지
(http://seoji.nl.go.kr)와 국가자료공동목록시스템(http://www.nl.go.kr/kolisnet)에서 이용
하실 수 있습니다.(CIP제어번호: CIP2018002083)